Heile dich selbst und heile die Welt
© Ulrich Emil Duprée, Brücken 2010

4. Auflage im Zenit und Nadir Verlag, 2012
http://www.z-n-v.de
ISBN: 978-3-941467-20-0

Fotos: Shutterstock.com
(2008 unter Nr. 90304024, 55213501, 2421120, 280246, 11678782,
16360165, 13216204, 14566765, 2637092)

Gestaltung und Satz: Ulrich Duprée
Gesetzt aus Adobe Garamond
Beratung: Andrea Bruchaĉova; Lektorin: Sandra Trautner

Heile dich selbst und heile die Welt

Ho'oponopono
Der hawaiianische Weg, um einfach, schnell und
effektiv Probleme und Konflikte zu lösen

Ulrich Emil Duprée

Inhaltsverzeichnis

Gewidmet Gott, meinen Lehrern und meinen Eltern
Für Lena und Rishi

In Demut verneige mich vor dem hawaiianischen Volk
und danke besonders Dietmar, Victoria Shook und Dr. Manfred Mohr,
die mich mit Ho'oponopono in Kontakt brachten.

Vorwort

ch hatte in meinem Leben das große Glück zwei Lehren kennenzulernen: Die christliche als Hintergrund meiner Familiengeschichte und die alt-indische Philosophie, die den meisten als Hinduismus bekannt ist. Beide wirken äußerlich sehr verschieden, und doch sind sie nur Kleider, ja Bühnenbilder und Erscheinungen der einen Wahrheit, welche sich zu allen Zeiten und in allen Kulturen offenbart.

In Ho'oponopono habe ich für mich einen weiteren Schlüssel gefunden, dieser Wahrheit näher zu kommen, mich selbst zu erkennen und wieder mit der Quelle allen Seins zu verbinden. Nun, diese Stelle des Vorworts scheint mir gerade geeignet zu sein, all jenen meinen tiefen Respekt zu erweisen, die diesen Weg auch gehen, gegangen sind und verschiedene Schlüssel am Wegesrand, in allen Kulturen und zu allen Zeiten, liegen ließen. Danke!

Ich möchte Sie nun an diesem Schatz teilhaben lassen und wünsche Ihnen viel Erfolg in der praktischen Umsetzung der wohl effektivsten Konfliktlösungsmethode, die je in einer Kultur ersonnen wurde.

Mögen Sie aus den folgenden Seiten für sich und für die Welt, in der Sie leben, einen unendlich großen Nutzen ziehen. Herzlich willkommen in einer Welt voller Wunder.

Als ich mich selbst zu lieben begann,
habe ich verstanden,
dass ich immer und bei jeder Gelegenheit
zur richtigen Zeit am richtigen Ort bin
und dass alles, was geschieht, richtig ist –
von da an konnte ich ruhig sein.
Heute weiß ich, das nennt man Vertrauen.

Von Charlie Chaplin (1889 – 1977)

an seinem 70. Geburtstag am 16. April 1959

Was ist Ho'oponopono ?

o'oponopono ist eine einfache und elegante Methode, die eigenen, persönlichen Probleme und die Konflikte innerhalb einer Gruppe, Lebensgemeinschaft, Beziehung, Partnerschaft usw. zu lösen. Manche Menschen behaupten, es sei die effektivste Konfliktlösungsmethode, die je in einer Kultur ersonnen wurde. Sicher ist, dass es enorm wirkungsvoll und ein machtvoller Weg zu innerem und äußerem Frieden ist.

Ho'oponopono kommt aus Hawaii und ist traditionell eine Familienkonferenz – ein klar strukturiertes System, um die Harmonie innerhalb der Familie wiederherzustellen. Dieses Konflikt-Lösungskonzept drückt den Wunsch aus, mit sich selbst, den Menschen, mit der Natur und mit Gott in Harmonie zu leben. Mit dieser Technik treten Sie und Ihre Familie, Freunde und Bekannten, Ihre Mitarbeiter und Ihr Umfeld wieder ins innere Gleichgewicht, in die Mitte und in die Heilung. Doch halt – Ho'oponopono es ist keine Heilungsmethode, sondern es ist, wie Sie später feststellen werden, eine Möglichkeit sich zu reinigen. Die Heilung (Ihres Herzens, Ihrer Beziehungen, Ihres Unternehmens, Ihrer Finanzen und so weiter) folgt dann aus der Harmonie, dem Frieden und der Klarheit.

Ho'o heißt machen, verursachen, auf den Weg bringen, sich kümmern. Pono bedeutet richtig, perfekt, in Ordnung, harmonisch, in der Waage, gerade und auch flexibel. Ponopono ist eine Verstärkung und man meint damit die Dinge wieder richtig stellen, alles wieder ins Lot bringen und zur Harmonie führen zu wollen. Ho'oponopono ist ein geistig-spiritueller Prozess, der sich auch als Weg zur Vollkommenheit übersetzen lässt.

Aktiv am Gesundungsprozess der Welt mitwirken

Viele Variationen sind möglich und seit Ho'oponopono in den Westen gelangte, findet es in unterschiedlichen Bereichen erfolgreiche Anwendung. Die Möglichkeiten, Ho'oponopono anzuwenden, scheinen unbegrenzt zu sein. Probleme in der Partnerschaft, mit den Eltern, Kindern, am Arbeitsplatz, Geldsorgen, wiederkehrende Muster, Arbeitssuche, Konflikte mit Kunden oder Mitarbeitern und persönliche Zielfindung sind nur ein kleiner Ausschnitt. Jedes Gebiet ist möglich. Auf Hawaii[1] und in den USA wird es ebenfalls erfolgreich

---

1 Der Beiname Hawai'is lautet Aloha-Staat, Land der Liebe. Die Hauptstadt ist Honolulu. Hawai'i liegt circa 4.000 km vom Festland entfernt im Nord-Pazifik. Zur Inselgruppe gehören 137 Inseln. Die wichtigsten Inseln heißen: Hawai'i, Maui, Oahu, Moloka'i, Kaua'i und Ni'ihau.

Die Landfläche beträgt ca. 16.634 km2 (das ist etwas größer als Schleswig-Holstein) und die Einwohnerzahl beträgt etwa 1.285.500. Hawai'i ist seit dem 21. August 1959 der 50. Bundesstaat der USA.

Die Inseln sind primär vulkanischen Ursprungs und die Vulkane der Hawai'i-Inseln gelten als die größten Vulkane der Erde. Der Mauna Kea ragt z. B. 4.205 Meter aus dem Meer und an seiner Basis beträgt die Wassertiefe 5.400 Meter. Hawai'i liegt in den äußeren Tropen. Das Klima ist durch den vorherrschenden NO-Passat mild und ausgeglichen.

Die hawaiische Sprache (Ōlelo Hawai'i) wird heute nur noch von etwa 1000 Mutterin der Sozialarbeit, zur Jugendbetreuung[2] und zur Drogenprävention eingesetzt. Die Arbeit mit Ho'oponopono hat gezeigt, dass es sich hervorragend dazu eignet, die persönliche, berufliche und spirituelle Entwicklung zu beschleunigen. Es sind therapeutische Siebenmeilenstiefel, wie die Arbeit von Dr. Len beweist. Andere nennen es einen Turbo, um beim Universum zu bestellen.[3] Man kann es allein oder in einer Gruppe zur Konfliktlösung anwenden, um den Teamgeist zu stärken, Ziele und Beweggründe zu definieren, und es eignet sich sogar dazu, das eigene Geschäft oder Unternehmen auf gesunde Beine zu stellen. Man kann die Ursachen für Krankheiten finden, und es gibt zahlreiche Berichte von Menschen, die wieder körperlich und seelisch gesund geworden sind.

Das besondere an Ho'oponopono ist, dass die Heilenergie auf das Umfeld und die Welt übertragen wird, sobald man sich selber heilt. Wir sind Teile dieser Welt. Wenn wir leiden, vergrößern wir das Leid der Welt, und wenn wir inneren Frieden erlangen, vergrößern wir den Frieden der Welt – ganz einfach.

---

sprachlern gesprochen. Sie ist die Sprache der polynesischen Ureinwohner und besteht aus 12 Buchstaben und 13 Phonemen.

2   Victoria Shook: Contemporary Uses of a Hawaiian Problem-Solving Process

3   Cosmic Ordering: Die neue Dimension der Realitätsgestaltung aus dem alten hawaiianischen Ho'oponopono von Bärbel und Dr. Manfred Mohr

Historisches

ie Anfänge von Ho'oponopono reichen weit zurück und wir wissen heute, dass Vergebungsrituale auf Hawaii die Vorbereitung zur Heilung einer körperlichen Erkrankung bildeten. Krankheiten gelten nicht nur im Huna[4] als Symptome innerer Konflikte. Etwas ist aus der Harmonie getreten und durch ein schamanistisches Ho'oponopono-Ritual und die Lomi-Lomi werden energetische Verspannungen gelöst. Nachdem also die Seele geheilt wurde, folgt der Körper.

Seit den Veröffentlichungen durch die Älteste Mary Kawena Pukui (1895-1986) in den 1950ern kennen wir Ho'oponopono als Familienkonferenz. Das ist die traditionelle Methode. Es ist das Lösen und Klären von Konflikten innerhalb einer Gruppe. Missverständnisse und Fehlverhalten werden im Beisein eines Vermittlers (*haku, tutu*) besprochen, diskutiert und schließlich blicken alle Beteiligten vor Gott und den Anwesenden in ihre Herzen. Dort im Herzen werden dann alle Aspekte von Zorn, Enttäuschung, Wut, Widerstand und Misstrauen, die einem konstruktiven Miteinander entgegenstehen, durch bedingungsloses Vergeben gelöscht.

---

4   Huna ist eine alte hawaiianische Weisheitslehre. Hu bedeutet Wissen und Na bedeutet Weisheit. Hu-Na ist die Verbindung weiblicher und männlicher Aspekte und Ho'oponopono ist ein Teilgebiet von Huna. Interessierten Lesern empfehle ich zu diesem Thema die Bücher von Dr. Diethard Stelzl, erschienen bei Schirner. Downloads und Informationen finden Sie auf seiner Webseite: Huna-Seminare.at

In den 1970ern stellte die als lebendiger Schatz Hawaiis geehrte Morrnah Nalamaku Simeonah (1913-1992) eine modernisierte Methode in zwölf Schritten der Öffentlichkeit vor. Sie integrierte christliche und indische Elemente sowie das System der drei Selbste[5] und präsentierte Ho'oponopono als Hilfe zur Selbsthilfe Methode. Nun war es möglich, dass man diese Technik zur mentalen und seelischen Reinigung nur für sich selber, auch ohne einen Vermittler anwenden konnte.

Nach ihrem Tode 1996 übernahm einer ihrer Schüler Dr. Ihaleakala Hew Len die Leitung ihrer Stiftung „Foundation of I". Durch ihn und seine Heilung verschiedener psychisch kranker Strafgefangenen wurde Ho'oponopono im Westen bekannt. Er lehrt Ho'oponopono unter anderem als Reinigung von Erinnerungen, die der Harmonie entgegenstehen. Seine Methode kann als ein vereinfachtes Ho'oponopono verstanden werden.

Am Beispiel seiner Geschichte möchte ich den therapeutischen Ansatz und die enorme Wirksamkeit von Ho'oponopono illustrieren:

---

5   Die drei Selbste sind ein Modell unserer inneren Familie. Genauso wie der Mensch glücklich lebt, wenn seine äußere Familie in Frieden lebt, so erfährt er Glück, Zufriedenheit und Gesundheit, wenn seine innere Familie in Harmonie lebt. Die Mitglieder der inneren Familie heißen Aumakua – das höhere Selbst, Uhane – das mittlere Selbst und Unihipili – das untere Selbst bzw. das innere Kind.

Dr. Len – ein berühmtes Beispiel

r. Ihaleakala Hew Len ist von Beruf Arzt und arbeitete von 1983 bis 1987 im Auftrag des Hawaii State Hospital in Kaneohe.

Dr. Len heilte innerhalb von vier Jahren mit dem Vergebungsritual Ho'oponopono eine ganze Abteilung schwer psychisch gestörter Krimineller ohne diese persönlich kennengelernt zu haben. Seine Methode des Ho'oponopono kann man als innere Liebes- und Verzeihensarbeit bezeichnen. Er hatte vereinbart, nur die Krankenberichte der Patienten in seinem Büro zu studieren. Dort arbeitete er in der Stille nur an sich und seiner inneren Reinigung.

Dr. Len fragte sich beim Studieren der Berichte ständig: Was ist in mir, dass es so etwas in meiner Welt gibt? Jedes Mal, wenn er in sich eine Resonanz zur Krankheit oder zum Verhalten eines Patienten gefunden hatte, sagte er: Es tut mir leid. Ich verzeihe dir. Ich liebe dich. Er erkannte alles „Hässliche" in sich an und übergab es in einem weiteren Schritt dem Göttlichen. Schließlich dankte er Gott für die Umwandlung. Dr. Len beschritt einen konsequenten Weg der Selbstliebe und übernahm einhundert Prozent Verantwortung für seine Wahrnehmung und die Existenz der Patienten in seinem Leben.

Die Anstalt war zu Beginn kein angenehmer Ort. Die Psychologen und das Personal waren demotiviert und wechselten häufig. Aber Dr. Lens innere Liebes- und Verzeihensarbeit führte dazu, dass es nach eineinhalb Jahren keine Patienten mehr in Handschellen gab. Die Angestellten kamen plötzlich gerne zur Arbeit und nach drei Jahren konnten alle Insassen bis auf zwei aus der Haft und Psychiatrie entlassen werden. Die Einrichtung wurde später aufgelöst.

Dr. Len bezeichnet seine Arbeit nicht als Heilung. Er erklärt, dass er nur sich selbst gereinigt habe. Er arbeitete nur an seiner persönlichen Heilung, um alle Erinnerungen (Daten) zu löschen, die die psychisch kranken Häftlinge erschaffen hatten. Heute reist er, gibt Vorträge über Ho'oponopono und arbeitet mit einem Team an vielen Themen der Welt. Wenn Sie mehr über die Arbeit von Dr. Len erfahren möchten, finden Sie die Informationen auf der Webseite: hooponoponotheamericas.org/ und im Buch: Zero Limits von Dr. Joe Vitale.

Liebe bedeutet Anerkennung und Wertschätzung geben. Wir alle suchen nach Liebe, und wenn wir sie nicht erfahren, dann suchen wir nach anderen Wegen wahrgenommen zu werden. So lautet die häufigste Frage, die Schwerverbrecher bei ihrer Festnahme stellen, ob schon die Presse informiert wurde. Wenn wir also jemanden das Gefühl geben, ihn grundlos wertzuschätzen, geben wir der Möglichkeit Raum, dass Schutzmauern fallen. Nur durch Vertrauen werden therapeutische Gespräche möglich.

Worauf gründet Ho'oponopono?

- Alles ist Energie und miteinander verbunden.
- Es gibt eine göttliche Quelle, die alles durchdringt.
- Es ist wichtig, einhundert Prozent Verantwortung für sich und die eigene Wahrnehmung zu übernehmen.
- Frieden beginnt in mir.
- Harmonie führt zu Heilung, Frieden und Glück.

Ho'oponopono basiert unter anderem auf dem Verständnis, dass wir, alle Menschen, alle Lebewesen und alles, was ist, miteinander verbunden sind. Erlebt jemand einen inneren oder äußeren Konflikt, so wirkt dies auf alle anderen Elemente, zum Beispiel auf Familienmitglieder, das Arbeitsumfeld, die Natur, ja sogar auf das ganze Universum ein.

Eine Energie – verschiedene Ausdrucksformen

Auf den unterschiedlichen energetischen Ebenen, in den Ausdrucksformen und Wirkweisen der materiellen Grundenergien ist alles eins und doch gleichzeitig verschieden. Betrachtet man zum Beispiel unsere Körper und die Körper aller Lebewesen, so erkennt man, dass wir alle aus den gleichen Substanzen zusammengesetzt sind. Die Atome und Moleküle Ihres Körpers gehören zur Materie dieses Planeten. Wir nehmen als Nahrung Elemente auf, bauen sie in unsere Zellstruktur ein und scheiden andere Substanzen wieder aus. Man sagt, alle sieben Jahre habe man einen komplett neuen Körper. Die ganze Welt befindet sich in einem ständigen Fluss des Entstehens, der zeitweiligen Manifestation und des Vergehens. Das, was wir als „Das-was-ist" bezeichnen, ist nur eine Momentaufnahme endloser winziger Prozesse der Umwandlung.

Unsere individuellen Körper sind unterschiedliche Ausdrucksformen der einen materiellen Energie. Wir haben zwar individuelle Körper, aber alle Körper sind von Mutter Natur „geboren" worden. Wir haben zwar alle individuelle Gedanken und Empfindungen, doch alle unsere Gedanken sind Ausdruck des einen universellen Geistes. Dieser alldurchdringende Geist ist Ursache und nimmt Form und Gestalt an. Das Feinstoffliche und Geistige verdichtet sich zum Grobstofflichen.

Alles ist Energie und schwingt. Schwingung ist Klang. Da alles energetisch miteinander verbunden ist, beeinflusst sich auch alles gegenseitig. Die Elemente der kosmischen Manifestation befinden sich miteinander in Resonanz – in Einklang oder Missklang. Harmonie führt zu Frieden und Glück. Disharmonie führt zu Stress (die Alarmglocken läuten) und wenn Stress eine Dauerbelastung wird, führt das zu Krankheit. Die Information, dass eine Zelle krank ist, wird an alle anderen Zellen weitergegeben. Ist ein Körperteil krank, beeinflusst das den gesamten Organismus – den Körper und den Geist.

Alles ist miteinander verbunden

Alle Zellen im Makro- und Mikrokosmos stehen auf subatomarer, fein- und grobstofflicher Ebene miteinander in Verbindung. Sie kommunizieren miteinander. Gute Gedanken führen zu guten Ergebnissen und tragen zur allgemeinen Harmonie bei. Negatives, der Entwicklung entgegengesetztes und ego-zentriertes Denken führen zu Disharmonie. Ethisches Handeln des Einzelnen trägt zum Frieden und Wohlergehen der Gruppe, der Familie und der Welt bei. Das Verletzen der universellen Gesetze[6], negatives Denken und Handeln (Hass, Gier, Zorn, Rache, Neid, Egoismus, Ausbeutung etc.) führen zuerst zu Störung und dann zu Zerstörung.

Hat jemand in der Familie, in der Gruppe oder am Arbeitsplatz ein Problem, so beeinflusst dies die Gemeinschaft. Eine schlechte Stimmung spürt man sofort. Urteilen, Schuldzuweisung und Beurteilen trennen energetisch und führen zu Disharmonie. Gerät der Körper aus seinem natürlichen Gleichgewicht, führt das zu psychischen Problemen und zu Krankheit. Körper und Geist beeinflussen sich gegenseitig. Der gesunde Körper beeinflusst das Denken positiv, während ein kranker Körper das Denken hemmt. Ein unzufriedener, schuldbeladener Geist schwächt den Körper.

Jede Zelle, jeder Teil, jedes Lebewesen ist wichtig. In Gottes Schöpfung gibt es nichts Unwichtiges und die bloße Existenz von etwas schließt Anerkennung und Wertschätzung mit ein. Jeder hat das Geburtsrecht geliebt zu werden. Alles hat eine Aufgabe und einen ein-

---

6 Z. B. das Gesetz der Harmonie: Geben und Nehmen stehen im Gleichgewicht. Nimmt der Mensch mehr als nötig (z. B. Ausbeutung der Natur und sinnloses Tierschlachten) erleidet er die Reaktionen (Krankheiten, Umweltkatastrophen, Kriege etc.)

zigartigen Beitrag für die Welt. Mitgefühl, Verstehen, Anteilnahme und Hilfe führen zu Einheit und Harmonie. Ein Körper in Harmonie ist gesund. Geraten Sie aus Ihrer Mitte, werden Sie krank. Eine psychische Anspannung führt zu körperlicher Anspannung[7], denn das Feinstoffliche ist Ursache und das Grobstoffliche ist Wirkung. Deshalb ist es schon in unserem eigenen Interesse von größter Bedeutung nur wohlwollend zu denken, zu sprechen und zu handeln.

Heile dich selbst und heile die Welt

Da alles miteinander verbunden ist, kann jedes Problem und jeder Konflikt geheilt werden, wenn wir unseren Anteil (die Resonanz in uns) daran erkennen und selber in die Heilung treten. Das bedeutet nicht, dass jemand oder etwas direkt die Ursache des Problems ist. Den eigenen Anteil zu finden und in die eigene Mitte zu treten heißt, im Herzen nach der Vibration (Schwingung oder Stimmung) zu suchen, die mit dem Problem in Resonanz (in Einklang) steht. Wenn ich also den Teil in mir finde, der mit der Disharmonie mitschwingt und diesen Missklang in mir in Harmonie umwandle, bin ich aktiv am Gesundungsprozess beteiligt.

> *„Wenn jemand ein Problem erkannt hat und nichts zur Lösung beiträgt, ist er selbst ein Teil des Problems.“*
>
> *Indianisches Sprichwort*

---

7 Z. B. Rücken-, Schulter- und Nackenschmerzen und ebenso Kieferprobleme.

Bitte stellen Sie sich dieses Universum kurz als ein gigantisches Netz vor. Über Gravitationswellen und andere Energien, starke und schwache Kräfte sind alle Planeten miteinander verbunden. Sobald Sie an einer Masche dieses Netzes der All-Verbundenheit ziehen, wird die Kraft über alle Fäden auf die anderen Knoten übertragen. An den Knotenpunkten laufen die Kräfte zusammen. Haben Sie ein Problem, indem Sie als Faden oder Knoten reißen, so verliert das gesamte Netz an Kraft, Wirkung und Funktion. Die Energie fließt bei Ihnen ab und alle anderen Knoten bekommen das zu spüren. Bekommt ein Fußballspieler zum Beispiel die rote Karte, haben die restlichen Zehn ein echtes Problem. Meistens heißt es dann „mauern!", mehr Aufmerksamkeit auf die Verteidigung setzen und im Leben ist es nicht anders. Mit anderen Worten: sobald es ein Problem (eine Aufgabe als Möglichkeit zu wachsen) gibt, leisten wir gerne Widerstand.

Eine Familienkonferenz in gemeinsamen Schritten

Das klassische Ho'oponopono ist eine Familienkonferenz. Ganz einfach, klar und handfest. Die Mitglieder der Familie leben zusammen und sind über die Familientradition, die Erziehung, Aufgaben und Erlebnisse miteinander verbunden. Deshalb heißt die hawaiianische Familie *ohana* – mehrere Pflanze, die einer gemeinsamen Wurzel entspringen. Eine Familie ist eine Kette von Individuen, die nur so stark ist wie ihr schwächstes Glied. Erlebt eine Schwester, ein Bruder, der Vater oder die Mutter einen inneren oder äußeren Konflikt[8], so

---

8   Z. B. Probleme in der Familie, in der Schule, am Arbeitsplatz, in der Partnerschaft.

wirkt sich das auf alle anderen Mitglieder aus. Alle haben dann ein Problem und auf globaler Ebene ist das nicht anders.

Wir leben alle in einer kleineren oder größeren Familie zusammen. In der eigenen, in der Familie am Arbeitsplatz (viele Menschen verbringen dort mehr Zeit und teilen dort mehr Gefühle als zuhause), in der Gemeinde und in der Stadt. Das Land und die Menschen sind eine große Familie und alle Lebewesen zusammen sind ebenfalls eine Familie. Die Familie aller Lebewesen und der Natur nennen wir Ökosystem und die Störungen dieses Ökosystems, wie die Vernichtung unserer Brüder und Schwestern in Tier- und Pflanzenkörpern, haben Auswirkungen, die wir Menschen direkt und indirekt spüren. Je mehr der Mensch diese Welt zerstört umso stärker leidet er als Kolektiv. Leid führt zu Leid.

Verantwortung als Antwort

Miteinander führt zu Glück, Freude, Wohlstand und Frieden. Gegeneinander führt zu Streit, Angst und Krankheit. Im Gegensatz zum Denken „Damit habe ich nichts zu tun!" leiten Ho'oponopono und das Gesetz von Ursache und Wirkung den Menschen zu verantwortungsvollem Handeln an. Alles was ich tue, hat einen Effekt. Es wirkt direkt und indirekt. Alles was ich tue, aber auch was ich nicht tue, wirkt direkt und indirekt auf alles und auf mich.

Wir leben in einem Universum von Ursache und Wirkung. Nichts geschieht durch Zufall. Alles was existiert basiert auf einer Ursache.

Alles, was wir denken und tun, hat eine Wirkung – einen Effekt. Diese Wirkung wird selbst wieder zu einer Ursache und so entsteht eine endlose Reihe, ein gigantisches Netz aus miteinander verknüpften Ursachen und Wirkungen, die alle selbst wieder zu Ursachen werden.

Verursacht jemand in diesem Universum eine Störung, so wirkt dies als Dissonanz (ein Missklang, denn das Universum strebt nach Harmonie) auf alle und alles. Das macht uns verantwortlich und weist jeden Menschen auf seine Verantwortung hin zur Harmonie mit sich und allem was ist beizutragen. Ich habe deshalb eine schlechte Nachricht für Sie: nichts bleibt geheim. Man kann zwar das Licht aus- und die Augen zumachen, aber die Luft, die Erde, die Sonne, der Mond, die Engel und der liebe Gott sehen es trotzdem. Alles wird irgendwo und irgendwie immer wahrgenommen. Nennen Sie es Akasha-Chronik, Informationsfeld, Fluss der Zeit, den ewigen Geist oder dickes Buch. Alles hinterlässt eine Spur und einen Eindruck. Doch es gibt auch eine gute Nachricht: Jeder kann aktiv und einfach zur Harmonie und Gesundung beitragen, indem er seine geistige oder körperliche Spannung (und nur seine persönliche Verspannung) findet und bewusst heilt. Jeder von Ihnen besitzt die Macht zur individuellen positiven Entwicklung zum Wohle des Ganzen.

Ich verspreche mir, soviel Zeit in meine persönliche Entwicklung zu stecken, dass ich gar keine Zeit habe, andere zu kritisieren.
aus dem Credo eines Optimistenclubs

Mitgefühl und Verstehen

Im Gegensatz zum allgemeinen Denken von Schuld und Urteil (die Politiker, meine Eltern, mein Partner usw. sind schuld), destruktiver Kritik und Bestrafung zielt Ho'oponopono auf das wohlwollende Miteinander der Menschen. An die Stelle von Beurteilen und Verurteilen treten Mitgefühl und Verstehen. An die Stelle von Ausgrenzung treten Vergebung und Liebe. Glück, Frieden und Heilung entstehen, wenn ich aktiv nach meiner Resonanz zum Problem suche, einhundert Prozent Verantwortung für meine Schwingung übernehme und mir dann selbst vergebe. Mitgefühl verbindet und heilt. Ablehnung und Widerstand trennen und schneiden von der Gesamtheit, der Einheit ab. Nichts in dieser Welt passiert, ohne eine Resonanz in mir und in Ihnen zu erzeugen. Ändere ich diese Vibration, meine Betrachtung, meine negativen Gedanken, Zorn, Groll, Apathie, meine Angst und meinen Blickwinkel (wenigstens als theoretisches Verständnis), so mache ich einen Schritt in Richtung Harmonie. Mache ich einen Schritt in die Harmonie, dann macht das ganze Universum einen Schritt.

> *„Der einzige Ort im Universum,*
> *den wir wirklich ändern können, sind wir selbst."*
>
> Aldous Huxley[9]

---

9 Aldous Huxley, englischer Schriftsteller und Philosoph (* 1894, † 1963), schrieb über die Entmenschlichung der Gesellschaft. Sein berühmtestes Werk ist „Schöne neue Welt" von 1932.

Das Unterbewusstsein unterscheidet nicht

Es gibt verschiedene Phänomene, die das Unterbewusstsein betreffen. Eines ist, dass unser inneres Kind *(unihipili)* alles wörtlich nimmt und als wahr empfindet. Darauf baut zum Beispiel die Hypnosetherapie auf. Ein anderes Phänomen ist, dass unser Unterbewusstsein nicht zwischen Innen und Außen unterscheidet. Alles, was wir über andere denken, denken wir über uns selbst. Immer wenn wir jemanden beurteilen, beurteilen wir uns selber. Indem wir jemanden gering schätzen, minimieren wir uns selbst. Kritisieren wir andere, kritisieren wir uns. Beschimpfen wir jemanden, beschimpfen wir nur uns selbst. Was wir an Stimmungen und Vibrationen in die Welt senden, kommt als Bumerang zurück.

Bei jedem negativen Gedanken verlieren wir direkt an Kraft

Machen Sie jetzt bitte den folgenden kinesiologischen Test und erkennen Sie am eigenen Leib, wie wir uns durch negative Gedanken selbst schwächen. Sie brauchen für diese Übung einen Partner. Bitten Sie Ihren Gegenüber einen Arm auszustrecken und sagen Sie ihm (oder ihr), dass er (oder sie) seinen Arm mit ganzer Kraft gestreckt halten soll, während Sie den Arm nach unten zu drücken versuchen.

Jetzt bitten Sie Ihren Partner an eine Situation zu denken, in der er beleidigt wurde, sich schuldig fühlte oder versagte. Bitten Sie ihn, den Arm wieder mit aller Kraft gegen Ihren Druck zu halten und daran zu denken, wie er sich schuldig fühlt, nach Rache sinnt oder sich schämt. Sie werden sich beide wundern, wie mühelos Sie den Arm nun nach unten drücken können. Bitten Sie in einem weiteren Versuch Ihren Freund oder Ihre Freundin, an etwas Positives zu denken; an eine Situation, in der er oder sie sich glücklich fühlte, anerkannt und geliebt wurde. Bitten Sie wieder Ihrem Druck Widerstand zu leisten und dabei an ein wunderschönes Erlebnis der Liebe zu denken. Sie werden jetzt den Arm nicht nach unten drücken können!

Das ist eine einfache und eindrucksvolle Demonstration der Kraft der positiven Gedanken und der Macht der Liebe. Wenn Sie sagen „ich liebe dich", dann lieben Sie sich selbst. Wenn wir versuchen zu verstehen, Mitgefühl zu entwickeln und dem wirklich Gegenüber vergeben, vergeben und befreien wir uns. Durch Liebe und Vergebung gewinnen wir an Kraft.

> *„Der Schwache kann nicht verzeihen.*
> *Verzeihen ist eine Eigenschaft des Starken."*
> Mahatma Gandhi

Vier Sätze, die etwas bewegen

Es tut mir leid – Ich sehe, dass du leidest. Ich leide. Ich akzeptiere jetzt das Destruktive in mir. Ich entschuldige mich und zeige Reue.

Bitte verzeihe mir – Ich verzeihe mir das Destruktive in mir.

Ich liebe dich – Ich liebe dich und mich. Ich liebe das Problem, das zu mir gekommen ist um mich zu lehren und zu korrigieren.

Danke – Danke für die Erkenntnis. Danke für das Wunder.

Indem Sie ein Problem für sich lösen möchten, können Sie sagen: „Ich verzeihe dir und ich verzeihe mir. Es tut mir leid. Ich liebe mich und ich liebe dich. Danke." Sie können aber auch nur zu sich sprechen: „Bitte vergebe mir. Es tut mir leid. Ich liebe mich. Danke." – Oder „Ich liebe dich. Bitte vergebe mir. Es tut mir leid. Danke."

Sie adressieren diese Sätze in Gedanken an diejenigen, die Sie um Verzeihung und Vergebung bitten möchten; an sich selbst, vielleicht an Ihr inneres Kind, an den Nachbarn, Ihre Eltern, Kinder.

Sprechen Sie bitte wie es am besten für Sie ist. Finden Sie einfach einen Zugang zu Ihrem Herzen. Bedanken sich zum Schluss. Wiederholen Sie einfach diese Sätze immer wieder. Durch diese bedingungslose und radikale Selbstvergebung, befreien wir uns aus dem mittelalterlichen Gedankengut von Schuld und Sühne und erlangen unsere Selbstbestimmung wieder. Konzentrieren Sie sich dann auf die Lösung. Danke.

Ho'oponopono und das Resonanzprinzip

rster Teil: Ich verstehe dich und ich verstehe meinen Anteil am Problem. Wenn uns etwas stört oder uns jemand ärgert, dann fragen wir: Wenn ich der oder das andere wäre, warum würde ich oder warum würden wir so handeln? Jedes Mal wenn wir etwas finden, sagen wir dann zu uns:

„Ich verzeihe dir und ich verzeihe mir. Es tut mir leid.
Ich liebe mich und ich liebe dich. Danke."

Das können wir so oft wiederholen, bis wir ein tiefes Mitgefühl und ein echtes Verständnis für die Beweggründe entwickelt haben. Wenn wir mitfühlen, verschwindet auch der Ärger. Verständnis für die Beweggründe des anderen führt zurück zur Einheit. Die wahren Beweggründe sind dabei nicht wichtig. Ablehnung und innerer Groll haben bisher den Geist vergiftet. Es gilt nur die Störung in uns zu finden. Durch das Wiederherstellen des inneren Gleichgewichts sind nun kreative Lösungen möglich, die man vorher gar nicht sehen konnte. Oft passiert schon jetzt ein Wunder.

Was bedeuten nun diese Sätze unter dem Gesichtspunkt des Resonanzprinzips (*kuolo*)?

„Bitte verzeihe mir. Ich verzeihe dir, ich verzeihe mir." Ich bitte Gott mir zu vergeben, dass ich gegen die universellen und göttlichen Gesetze gehandelt habe. Ich verzeihe dem Problem und dem Täter. Ich verzeihe mir, weil ich mich schuldig fühle.

„Es tut mir leid." Es tut mir leid, dass ich in Resonanz zu dem Problem bin und selber ein Teil des Problems bin. Es tut mir leid, dass ich andere bewusst oder unbewusst verletzt und in Ihrer Entwicklung gestört habe. Es wird mir bewusst, dass ich und andere leiden.

„Ich liebe mich, ich liebe dich." Ich liebe und respektiere das Göttliche in dir. Ich liebe das Problem, das zu mir gekommen ist, um mir die Augen zu öffnen. Ich liebe mich bedingungslos, so wie ich bin.

„Danke" für die Transformation und das Wunder, das geschieht. Ich bin ein Zeuge des Wunders. Das Wunder ist zu mir unterwegs.

Im zweiten Teil fragen wir uns: Was ist mein Anteil daran? Wo resoniere ich mit dem Problem? Welche Gefühle melden sich hier zu Wort? Warum und womit habe ich diesen Konflikt erschaffen? Was ist in mir, dass es das in meiner Welt gibt?

Wir suchen jetzt nur nach der Schwingung in uns. Die Frage, die wir uns innerlich stellen, lautet: Welche Erfahrung sucht meine Seele gerade zu machen? Wir spüren in den Teil in uns, der am Konflikt mitverantwortlich ist. Welchen Spiegel hält mir das Leben vors Gesicht? Was kann oder soll ich lernen? Was sind meine Beweggründe, dass ich diese Situation angezogen habe bzw. dass ich diese Erfahrung in mein Leben ziehe? Warum habe ich dieses Problem in mein Leben gezogen? Im Ergebnis heilen wir uns und heilen dadurch den anderen. Wieder fragen wir uns so lange und durchforsten unser Inneres, bis wir keine Beweggründe mehr finden. Jedes Mal, wenn wir etwas entdeckt haben, sagen wir „möglichst" aufrichtig, mit viel Gefühl und innerer Überzeugung: „Ich verzeihe dir, ich verzeihe mir. Es tut mir leid. Ich liebe dich, ich liebe mich. Danke."

Fehlt es Ihnen noch an echter innerer Überzeugung, machen Sie einfach weiter. Die Erkenntnisse und die Energie werden irgendwann zu fließen beginnen. Es ist wie mit einer Affirmation. Zunächst mag man es gar nicht glauben, doch über die Kontemplation und die Gefühle, die man empfindet, wird es irgendwann zu einer Realität.

In dieser Variante des Ho'oponopono fragen wir auch nach den Beweggründen des anderen. Allerdings forschen wir nicht nach den wahren Gründen seines Handelns. Wir analysieren den anderen nicht. Wir suchen nur zu verstehen, warum wir an ihrer oder seiner Stelle so handeln würden. Wir suchen also immer nach unseren Gründen.

„Wenn man jemanden verurteilt, kann man sich irren.
Wenn man jemandem vergibt, irrt man niemals."

Das kann man auch in einer Gruppe machen

Ho'oponopono ist besonders effektiv in einer Gruppe. Zuerst macht es natürlich Spaß, wenn man etwas zusammen macht, doch es gibt ganz einfache Vorteile, wenn man im Team an einem Problem arbeitet. Zunächst kann man als Einzelne(r) nicht tief genug sehen und gehen. Viele Aspekte des „Hässlichen" bleiben verborgen, weil man betriebsblind ist. Vielleicht ist man noch gewohnt sich als Opfer der Umstände zu fühlen. Dann denkt man eben mit einer Art Opfer-Schablone und sieht durch eine graue Brille. Kein Problem – dazu ist das Team da, weitere Möglichkeiten und Dimensionen der Betrachtung zu eröffnen. Ungeahnte Impulse gelangen im Teamwork an die Oberfläche und das macht Spaß.

Also – alle Teilnehmer fühlen sich mit Erlaubnis in die Betroffenen oder in den Konflikt hinein. Jeder fragt sich: „Wenn ich diejenige, derjenige oder das „Problem-Verursachende" wäre (das kann ja auch ein Geschäft, ein Haus oder ein amtliches Schreiben sein), warum würde ich so handeln?" Man sucht nach den eigenen Motiven, so zu handeln. Immer wenn man etwas gefunden hat, erklärt man offen seine Beweggründe und spricht danach: „Ich verzeihe dir, ich verzeihe mir. Es tut mir leid. Ich liebe dich, ich liebe mich. Danke."

Dadurch, dass man offen die eigenen Motive darlegt, werden andere inspiriert, auch tiefer in ihren Herzen nach dem Dunklen zu suchen. Man hört mehr Resonanzen und muss sich nicht schämen. Dabei geht es um keinen Wettbewerb, wer hat die miesesten Gedanken, sondern um liebevolles Mitfühlen und Verzeihen. Es ist ein Zeichen unserer Zeit, dass die Menschen sich voreinander fürchten. Viele Menschen glauben, dass sie direkt verlieren, wenn sie ihre Schwächen zeigen oder offenbaren. Nun, man muss natürlich nicht jedem auf die Nase binden, was für ein Holzkopf man doch ist, aber wichtig ist, dass man zu sich selbst ehrlich ist. Ehrlichkeit sich selbst gegenüber ist der Beginn des persönlichen Wachstums. Um ein Ziel zu erreichen, muss man erstmal wissen, wo man steht.

In der zweiten Runde fragen sich die Teilnehmer: „Wenn ich derjenige oder diejenige (das Opfer) wäre, womit hätte ich diese Situation erschaffen? Mit welcher inneren Stimmung oder Absicht habe ich dieses Ereignis oder dieses Problem in mein Leben gezogen?" Diese Frage ist besonders gut geeignet, die Verschwörungen des Egos[10] aufzulösen. Hier zeigt sich wie effektiv die Vergebensarbeit in der Gruppe ist, denn viele Motive kommen auf den Tisch. Die Energie in einer Gruppe kann sehr stark sein, denn man ist innerlich „nahezu gedrängt" etwas zu leisten. Indem man zuhört, erlangt man ein großes Verständnis darüber, was alles trennen kann. Man bekommt ein Gefühl für Möglichkeiten.

Abschließend kann man noch sehr persönlich fragen: „Was ist in mir, dass in meiner Gruppe dieses Problem vorgetragen wird? Nichts passiert zufällig. Was ist der Grund, dass ich jetzt damit konfrontiert werde?" Jede Situation und jedes Ereignis hat eine Botschaft für uns. Der Blick ins Herz mit Ho'oponopono offenbart uns nun diese innere Bedeutet.

> *„Die Welt ist ein Spiegel unserer inneren Prozesse.*
> *Wenn wir wachsen, wächst die Welt."*

---

10 Mehr zum Thema „Die Verschwörungen des Egos" finden Sie bei Chuck Spezzano.

Man reinigt sich immer nur selber und lässt den anderen ganz in Ruhe. Es gibt kein Richtig oder Falsch, sondern nur einen Einblick in uns selbst. Wir erkennen jetzt die Energien, die wir in die Welt senden, und es ist immer genau das, was uns die Welt zurücksendet. Das ist eine wunderbare Möglichkeit zu lernen und zu wachsen.

Herkunft und Ursprung von Ho'oponopono

Ho'oponopono gehört zum praktischen Teil der Huna, alter hawaiianischer Lehren. Die Familie (*ohana*) bildet die Grundlage der hawaiianischen Gesellschaft. In einer traditionellen Familie sind alle Mitglieder auf vielen unterschiedlichen Beziehungsebenen eng miteinander verbunden. Geschwister sind zusammen aufgewachsen und die Älteren haben sich um die Jüngeren gekümmert. Eltern, Tanten und Onkel sind Lehrer und Vorbilder. Die Großeltern bewahren das Wissen und die Tradition. Weisheit und reiche Lebenserfahrung, handwerkliches, medizinisches und spirituelles Wissen werden von ihnen auf die nachfolgenden Generationen übertragen. Man entstammt einer gemeinsamen Wurzel und arbeitet vielleicht im Familienbetrieb zusammen. Nun, das unterscheidet sich nicht von unserem Kulturkreis.

Alle Reibereien und Schwierigkeiten innerhalb der eigenen Familie sowie alle Probleme zwischen den Familien untereinander mussten irgendwie gelöst werden. Wenn Menschen zusammenleben, gibt es immer Konflikte, doch gerade wenn man auf einer Insel in Frieden leben will, ist man schon von Natur aus gezwungen Lösungen zu finden. Einfach abhauen, wegsehen oder ausgrenzen – also alle Vermeidungsstrategien, sich dem Problem zu stellen – führen nur zu noch mehr Problemen. Auf die Idee Gefängnisse zu bauen, kam man jedenfalls nicht. Statt dessen entwickelten die Hawaiianer einfach einen allgemeinen Verhaltenskodex und ethisch-moralische Ziele:

- mit sich selbst und den Menschen in Harmonie zu leben,
- mit der Natur in Harmonie zu leben und
- mit Gott in Harmonie zu leben.

Hat jemand in der eigenen Familie oder in einer anderen Familie ein Problem, so ist dies das Problem aller. In unserer modernen Gesellschaft sind wir gewohnt uns von der Familie zu trennen. Das beginnt schon sehr früh durch das Vormittagsprogramm, wenn Kinder einsam vor dem Fernseher sitzen. Später mögen wir uns von unserer Familie räumlich und gedanklich zu trennen versuchen, doch jeder nimmt seine Familiengeschichte mit.

Jeder wird vom Leben selbst aufgefordert, an sich zu arbeiten. Will man wirklich frei werden, so muss man die Vergangenheit und die Erinnerungen heilen – man muss aus dem Hamsterrad sich wiederholender Muster aussteigen. Diese natürliche Lernaufgabe trifft alle, ob arm oder reich, ob obdachlos in den Straßen oder Präsident im Weißen Haus. Um persönlich zu wachsen, müssen wir zurück in die Einheit und uns selbst und anderen vergeben.

Niemand ist unabhängig

Mit sich selbst, den Menschen, mit der Natur in Harmonie zu leben, und mit Gott wieder ins Reine zu kommen, ist eine essenzielle Formel für Ihren universellen Erfolg. Jeder von uns ist von irgend jemand anderem oder von etwas abhängig. Jeder ist von der Natur, der

Luft, dem Wasser, den Wolken, den Bergen, den Tieren und Pflanzen abhängig. Die Natur ist unser Freund und unsere Mutter. Wenn man nun mit den Menschen oder sich selbst hadert, kann man auch in der Natur nicht glücklich sein. Wer nur in der Natur zufrieden ist, aber die Menschen nicht mag, ist nicht glücklich und wird keinen Frieden im Herzen finden.

Viele Menschen lehnen Gott ab. Aber auch wenn man nicht an Gott, eine göttliche Quelle, glaubt, muss man mit Ihm (oder Ihr) und sich im Reinen sein. Gut, dann glaubt man eben nicht an Gott. Aber solange man sich wehrt, ein mulmiges Gefühl bekommt und beginnt sich zu rechtfertigtigen, sobald nur das Wort Gott mit ins Spiel gebracht wird, scheint es doch als habe man noch etwas zu lösen. Falls Sie gerade nicht an Gott glauben, ziehen Sie bitte die theoretische Möglichkeit der Existenz von etwas Göttlichen in Betracht. Gott ist universell und jenseits unserer Vorstellungen. Er ist weder Christ, noch Hindu und gehört keiner Institution an. Er ist an keine Religion gebunden. Vielleicht wagen Sie ein Experiment und bitten Gott, Sich Ihnen zu offenbaren – in der Natur, als Universum, alldurchdringende Intelligenz, Ursprung oder ewige Quelle. Vergeben Sie Ihm oder Ihr und vergeben Sie sich Selbst.

Um wirklich in Frieden zu leben und Glück zu erfahren, müssen wir mit uns selbst und den anderen, mit der Natur und mit Gott in Harmonie sein – alle drei sind miteinander verbunden.

„Dein Problem ist mein Problem.“

Werte und Tugenden

o'oponopono basiert auf wenigen klaren Schritten, die man allein in vielleicht schon einer Stunde durchschreiten kann. In einer Gruppe und in Abhängigkeit des Problems bzw. der Herausforderung dauert es länger. Lassen Sie sich Zeit und räumen Sie sorgfältig alle Hindernisse aus dem Weg. Dieser Pfad zur „Klarheit" erfordert zumindest den Wunsch zur kritischen Selbstanalyse und zur Ernsthaftigkeit, einhundert Prozent Verantwortung für sich selbst, die eigene Wahrheit und das eigene Handeln zu übernehmen. Die Dinge wieder gerade rücken zu wollen, basiert auf dem Mut, den eigenen Schwächen gegenüberzutreten. Wie man so schön sagt: Jede Reise beginnt mit dem ersten Schritt. Damit das nicht nur ein Schönreden ist, muss man handeln, und so macht man bei Ho'oponopono den ersten Schritt. Man fängt bei sich an.

„Der Frieden beginnt mit mir."

Die Teilnehmer einer Sitzung verpflichten sich, sich selbst und den anderen gegenüber mit Ernsthaftigkeit und Ehrlichkeit in ihren Herzen nach den Gefühlen zu suchen, warum man etwas gegen den anderen hat und nicht mag, warum man Widerstand leistet, Sabotageprogramme installiert hat oder sich gegen die Geschenke des Universums wehrt. Um wirklich frei zu werden, bittet man dann um Verzeihung. Man wehrt sich nicht länger gegen das Göttliche, sondern weiß, dass Gott hilft und erwartet ein Wunder.

*„Man kann die Welt betrachten als gäbe es keine Wunder
oder so, als gäbe es nur Wunder."*

Albert Einstein

Vergeben ist göttlich

Wie wir aus vielen Beispielen rund um die Welt wissen, ist Ho'oponopono ein therapeutischer Turbo. Wenn wir finden, wogegen wir uns wehren, und dieses auflösen, beginnt das Leben zu fließen. Die göttliche Quelle kann dann durch uns wirken, weil wir göttlich handeln. Jetzt können sich die Türen öffnen. Indem wir die Beweggründe und Wahrnehmungen des anderen erkennen und verstehen lernen, senken wir die Waffen gegen das Gegenüber und vor allem gegen uns selbst. Groll, Vorbehalte und Angst verschwinden. Aus dem Herzen um Vergebung bitten und von Herzen Vergebung zu gewähren sind spirituelle Werkzeuge, die die Vergangenheit nicht ungeschehen machen, aber ihren negativen Einfluss und ihre Macht nehmen. Durch Vergebung kann man neu starten. Es ist, als würden Sie die Festplatte Ihres Computers löschen und ein neues Betriebssystem installieren.

Gott ist der Ursprung und alles ist Gottes Schöpfung. Alles ist göttlich. Wir sind göttlich. Leider haben wir vergessen, was das bedeutet und handeln deshalb manchmal oder häufig gegen die Gesetze des Universums, indem wir bewusst und unbewusst Leid verursachen. Das kann individuell sein, indem jemand einen anderen bestiehlt.

Aber man kann auch als Kollektiv gegen die Gesetze des Universums handeln. Am liebsten scheinen wir als Kollektiv zu stehlen und zu töten, zum Beispiel als Unternehmen oder Nation Tierarten auszurotten oder die Ressourcen der Erde auszubeuten.

> *„Gott hat uns ein Paradies hinterlassen und es ist*
> *unsere Aufgabe dieses Paradies zu pflegen.“*
> *Bruno Gröning [11]*

Die Erde ist ein Individuum und wird in allen Kulturen als Mutter verehrt. Durch verantwortungsloses oder unbedachtes Handeln, auch dem Planeten gegenüber, erschaffen wir gemeinsam eine Wirklichkeit, in der wir leiden. Unsere Kultur hat eine Gesellschaft geschaffen, in der es Dinge gibt, die wir zum Beispiel Zivilisationskrankheiten oder das negative Massenbewusstsein nennen. Hoch technisiert und entwickelt haben wir etwas verloren, was wir doch nie hatten: Kontrolle. Alles was wir tun oder unterlassen, hinterlässt eine Reaktion. Das ist das Gesetz von Aktion und Reaktion. Diese Reaktionen auf unser Handeln oder Nicht-Handeln müssen wir genießen oder erleiden. Genauso wie Schmerzen ein Alarmsignal des Körpers sind, ist das Leid der Welt ein Zeichen dafür, dass wir etwas falsch machen.

---

11 Bruno Gröning (* 30. Mai 1906 in Danzig; † 26. Januar 1959 in Paris) trat ab 1949 als Geistheiler öffentlich auf. In seinen Vorträgen rief er seine Mitmenschen zur „Großen Umkehr“ und Hinwendung zu Gott auf.

In der Realität Gottes existieren nur Klarheit und Bewusstheit. Gott und unsere Mutter, die Erde, lieben und vergeben uns ständig, aber wir sind durch unser Handeln und Denken an die Ergebnisse gebunden. Es heißt, dass alles, was wir tun, einen Eindruck und eine Reaktion in Raum und Zeit hinterlässt.

Loslassen und vor der eigenen Haustür kehren

Verstehen und Verständnis, Liebe geben und empfangen können, empathische Kommunikation, einander kennen und verstehen lernen, sind die natürlichen und willkommenen Begleiterscheinungen einer Ho'oponopono-Sitzung. Man rückt näher zusammen. Das kann sehr lustig sein, denn man darf über sich lachen. Anstelle sich aber über andere aufzuregen, zu erzählen, wie gut man selbst und wie schlecht doch alle anderen sind, beginnt man vor der eigenen Tür zu kehren. So wird alles schön sauber, und während man sein Inneres aufräumt, ordnet sich das Äußere von allein.

Anstatt über die Probleme anderer nachzudenken, ist man ganz bei sich und lenkt die Aufmerksamkeit auf die Lösung der eigenen Konflikte im Herzen. Das, worauf wir unsere Aufmerksamkeit lenken, wächst. Wer suchet, der findet. Konzentrieren wir uns auf Lösungen, werden sich Lösungen offenbaren, die wir nicht für möglich hielten und das ist das Wunder.

Wer sich selbst überwindet, zeigt wahre Größe

Ho'oponopono vermittelt Werte und Tugenden, die für jeden einzelnen eine Herausforderung darstellen können: Man muss sich überwinden, entwickeln und über das Ego herauswachsen. Es konfrontiert uns direkt mit unseren Lernaufgaben im Leben.

Wach werden und aufzustehen kann manchmal recht mühsam sein, ist es im Bett der Gewohnheiten doch so kuschlig warm. Wer wirklich etwas ändern will muss seine Komfortzone verlassen. Denken Sie an die Beispiele der Geschichte. Jeder, der in der Geschichte Großes geleistet hat, musste sich zuerst selbst überwinden.

„Indem wir uns ändern, verändern wir die Welt."

Die Essenz von Ho'oponopono ist Aloha

Aloha bedeutet Liebe, Mitgefühl. Liebe bedeutet: Ich bin glücklich, wenn du glücklich bist, und ich kann nicht glücklich sein, wenn du leidest. Es ist das Gefühl der Verbundenheit und der aufrichtigen Anteilnahme an den Belangen ohne Einmischung. Im Zentrum stehen das Wohl und das spirituelle Wachsen aller Beteiligten. Aloha ist das friedliche Miteinander. Aloha heißt: Ich sehe das Göttliche in dir. Im Huna gibt es nur ein einziges Gebot, Aloha, das bedeutet nie verletzen und immer helfen. Das beginnt bei jedem Einzelnen und setzt vorraus sich selbst nicht zu verletzen.

Verpflichtender Beitrag und Verantwortung

Die Mitglieder erkennen ihre individuelle Verantwortung, die sie der Gemeinschaft gegenüber haben. Jeder von uns hat Verantwortung gegenüber sich selbst und dem Leben – auch wenn wir diese Verantwortung nicht kennen oder wahrhaben wollen. Zum Beispiel haben wir die Verantwortung unseren Körper (den Tempel Gottes) und die Erde zu erhalten. Wir haben ein Paradies geerbt und es ist unsere Aufgabe es zu erhalten und zu pflegen.

Verantwortungsvolles Handeln setzt Intelligenz voraus. Intelligent handeln kann man aber nur, wenn man nicht von Missverständnissen, Angst und Gier getrieben wird, also bewusst ist. Das Handeln wird in der Gemeinschaft so ausgerichtet, dass die Gefühle und Bedürfnisse der anderen respektiert werden. Das Problem des anderen ist auch mein Problem und ich bin dem Leben und mir gegenüber verpflichtet zu helfen ohne mich und andere zu verletzen.

Indem ich meinen Anteil suche, Mitgefühl entwicke und vergebe, bin ich aktiv am Gesundungsprozess beteiligt.

Ich erschaffe meine Wirklichkeit

Ho'oponopono vermittelt die Erkenntnis, dass alles was ich tue auf das Ganze wirkt. Ich erschaffe durch mein Bewusstsein (die Gesamtheit der mentalen Vorgänge) meine Welt. Die Welt ist das Resultat von Wünschen, die Welt zu gestalten wie sie ist. Jeder Handlung geht ein Wunsch und ein Gedanke voraus, auch wenn dieser Gedanke noch so subtil ist. Irgendwann wurde eine Entscheidung getroffen. Das Universum, so wie ich es wahrnehme, entsteht durch mein Denken. Ich entscheide, was ich denke, fühle und wahrnehme. Der Pessimist sieht überall Hindernisse und der Optimist sieht überall Gelegenheiten.

Meine innere Gesinnung, meine Gefühle und meine Stimmung spiegeln sich in meiner äußeren Welt wieder. Zum Beispiel: Der Hunger in der Welt ist nicht der Ausdruck, dass es zu wenig Nahrung gibt, sondern dass die Menschen im kollektiven Bewusstsein noch nicht auf der göttlichen Stufe des Gebens sind.

Die Umweltverschmutzung ist nicht das Zeichen dafür, dass die Welt und Natur gereinigt werden müssen, sondern dass das kollektive Bewusstsein der Menschen die göttliche Stufe der Sauberkeit und Reinheit verloren hat. Die Verschmutzung der Welt ist das Resultat unserer inneren Verschmutzung.

Vertrauen

Niemand ist perfekt und jeder hat seine Herausforderungen und Lernaufgaben im Leben. In der Gruppe stellt man sehr schnell fest, dass alle ähnliche Gedanken haben. Alle Menschen erleben in sich das Hässliche und Böse wie Neid, Wut, Selbstzweifel, Eifersucht, Gier, Zerstörung, Faulheit usw.

Wenn niemand den anderen mehr beurteilt und verurteilt, treten an die Stelle von Zweifel Vertrauen und Zuversicht. Da man weiß, dass jeder durch verschiedene Schwierigkeiten in seiner Entwicklung geht, schöpft man Vertrauen und nimmt die eigenen Konflikte nicht mehr so wichtig. Das Vertrauen in sich selbst und in Gott wächst. Vertrauen ist eine Urkraft und ohne Vertrauen kann man nichts erreichen.

Kommunikation

An die Stelle von gedanklichen Monologen der Täter-Opfer-Retter-Mentalität treten Einsicht, Mitgefühl und Lösungsbereitschaft. Mit Ho'oponopono gibt man seine Opferrolle auf und verlässt die ausgetretenen Pfade co-abhängiger Opfer-Täter-Beziehungen. Durch das Verständnis für die Beweggründe des anderen werden Gespräche und konstruktive Lösungen möglich.

„Großer Geist, bewahre mich davor,
über einen Menschen zu urteilen,
ehe ich nicht eine Meile in seinen Mokassins gegangen bin."
Indianisches Sprichwort

Spiritualität

Vergebung, Mitgefühl und Liebe zu üben und zu praktizieren ist gelebte Spiritualität. Das harmonische Miteinander gilt als die größte Herausforderung, denn das materielle Ego will unseren Gedanken einreden, wir (die Lebewesen) seien voneinander getrennt: du bist allein, getrennt von der Welt und der Natur, ja getrennt von dir selbst und getrennt von der Quelle. Die Waffen, derer sich das materielle

Ego bedient heißen Angst, Trennung und Schuld. Wenn man ihm glaubt, beginnt man um seine Existenz zu kämpfen. Man befindet sich in einer ständigen latenten Furcht vor dem Unbekannten und erlebt einen stillen Mangel. Doch das Universum sorgt für uns. Es stellt uns alles, was wir brauchen zur Verfügung. Wenn man jedoch glaubt, man sei von der Natur, von sich selbst und Gott getrennt, beginnt man zu kämpfen, sich gegen den Fluss des Lebens zu wehren und einfach – aus Angst – überall auf der Erde zu bedienen.

Wir sind niemals getrennt von der Natur oder Gott. Wir sind immer verbunden mit dem Universum. Das Göttliche ist überall und auch in unserem Herzen. Leider haben wir diese Verbindung vergessen. Diese Verbindung zur ewigen Quelle wird wieder belebt, wenn wir das Göttliche in allen Lebewesen erkennen. Die Reise geht also nach innen. Spiritualität liegt nicht darin den anderen zu ändern, sondern in der Akzeptanz seiner Einzigartigkeit innerhalb der Schöpfung. Alles zusammen ist Gott. Er ist wir und gleichzeitig ist Er (Sie oder Es) ein Individuum.

„Gott ist selbst, und selbst ist Gott,
und Gott ist eine Person wie ich selbst.“
Sprichwort aus Hawai'i

Ho'oponopono praktisch

ch möchte Ihnen nun Variationen und Beispiele vorstellen. Die einen nenne ich das klassische Ho'oponopono und die anderen schlicht Ho'oponopono. Beide sind nicht voneinander verschieden, genauso wie es egal ist in welcher Sprache Sie beten. Wichtig ist Ihre innere Haltung. Probieren Sie es gleich aus.

Die Grundlagen sind ganz einfach: Gibt es einen Konflikt oder Ärger, eine Herausforderung oder ein destruktives Muster und so weiter, stellen Sie sich bitte zwei Fragen:

1. Was sind die Beweggründe, die dieses Problem in sich trägt?
2. Was habe ich getan, dass sich dieses Problem manifestiert?

Gehen Sie dann auf die Suche in Ihrem Herzen und immer, wenn Sie etwas gefunden haben, gewähren Sie sich selbst und allen Beteiligten Vergebung.

Es tut mir leid.
Bitte verzeihe mir.
Ich liebe dich.
Danke

Das klassische Ho'oponopono

besteht aus 10 bis 14 Schritten und gliedert sich in vier Abschnitte.

1. Die Eröffnungsphase mit einem Gebet und dem Bestimmen des Problems.
2. Eine Diskussionsphase mit der Beschreibung der Wahrnehmungen, Sichtweisen, Gefühle und Gründe für das Verhalten.
3. Eine Entlassungsphase der gegenseitigen herzenstreuen Vergebung und der Entlassung aller negativen Gefühle.
4. Die Abschlussphase mit Gebet und dem Dank an alle Beteiligten, sich für die Harmonie und Liebe zu entscheiden. Gleichzeitig bekräftigt man das gemeinsame Ziel. Danach isst man zusammen.

Es folgen nun die einzelnen Schritte wie Ho'oponopono in den Familien praktiziert wurde bzw. noch und wieder, zum Beispiel in der Jugendarbeit praktiziert wird.

Pule – das Gebet

Ho'oponopono beginnt mit einer Anrufung Gottes. Dieses Gebet bildet eine machtvolle Grundlage für einen erfolgreichen Start. Alle Anwesenden werden auf ein höheres Energieniveau gehoben.

In diesem Gebet bittet man um Beistand, Verständnis, richtiges Hören und richtiges Sprechen. Man bittet um die Kraft zu sprechen ohne den anderen zu beschuldigen oder zu verletzen. Wie in den Prinzipien der gewaltfreien Kommunikation spricht man von seiner Wahrnehmung, den persönlichen Gefühlen und den eigenen Bedürfnissen.

Man bittet um rechtes und aufmerksames Hören. Man bittet um die Kraft, den anderen zu hören und verstehen zu können. Was sagt er oder sie, ohne dass es durch meine Verletztheit gefiltert wird? Man bittet um die Kraft, die Wahrheit sprechen zu können und dass die Beteiligten auch verstehen können, was man ausdrücken möchte. Man bittet um das Erkennen der Ernsthaftigkeit der Situation und der Möglichkeit wieder in die Harmonie zu gelangen. Man dankt für die Gelegenheit einander im Verstehen nahe zu sein, Liebe nehmen und geben zu dürfen und für die Kraft der Vergebung. Man bittet um Weisheit, Verstehen, Aufmerksamkeit, Mut, Wahrheit und Intelligenz.

Kuukulu kumuhana

Kuukulu kumuhana gilt als Aufwärmphase. Alle Beteiligten werden sozusagen an Bord des Teams geholt und alle Widerstände gegen den Prozess, wieder in die Harmonie zu gelangen, werden abgelegt. Das Ziel, das individuelle oder das Gruppenproblem liebevoll lösen zu wollen, wird bekräftigt und zusammengefasst.

Hala

bezeichnet das spezifische Problem. Jemand sucht vielleicht Hilfe bei persönlichen Problemen, Konflikten in der Schule oder im beruflichen Leben. Vielleicht gab es den Bruch einer Vereinbarung, einen Regelverstoß, unerfüllte Erwartungen, Missverständnisse oder ein Verbrechen. Was es auch sein mag.

Hala, das grundlegende Problem, ist häufig kaum fassbar. Deshalb schließt sich an Hala direkt Hihia an. Hihia sind die Ebenen der Problematik, ihre Wirkungen und die facettenreichen Ausdrucksformen im interpersonellen Wahn-Sinn (Sinn dessen, was man wähnt und glaubt: Er hat gesagt, dass sie gesagt hat ... und deshalb ...) Alles, was uns stört, ärgert und verwirrt, ist ein Zeichen, dass wir nicht in uns ruhen und etwas in uns wieder zurechtgerückt werden muss.

Wer schon mal eine Familienaufstellung gemacht hat, kennt die vielen Dimensionen einer energetischen Störung und ihr destruktives Wirken in und durch Raum und Zeit. Mit anderen Worten: Hihia – herzlich willkommen in den Dimensionen der Illusion – in der Welt der Einbildungen, Frustrationen, unersättlichen Wünsche, der Missverständnisse, Muster, Reaktionen und negativen Glaubenssätze.

Mahiki

Ein Problem wird immer auf vielen unterschiedlichen Ebenen sichtbar und die Phase der Diskussion darüber heißt Mahiki. Man spricht über das, was man sieht, hört, empfindet. Man spricht über die eigenen Bedürfnisse und über die Bedürfnisse der Gruppe. Man spricht zum Beispiel über Vereinbarungen, Erwartungen, Sichtweisen, Ziele, Ursachen und Wirkungen.

Dieses Gespräch ist ein Selbstfindungsprozess. Jeder Beteiligte geht in sich und sucht nach seinen wahren Motiven. Was ist die eigentliche Ursache meiner Empfindung und meines Handelns: Mahiki ist selbstkritisch. Niemand wird beschuldigt oder verurteilt. Die grundsätzliche Frage lautet: „Was habe ich getan oder versäumt zu tun? Was habe ich getan oder versäumt zu tun, dass ich ein Teil des Problems bin?"

Mana'o

Jeder Teilnehmer ist angeregt seine Gefühle, Beweggründe, Empfindungen, Wahrnehmungen und Bedürfnisse sachlich zu teilen, damit alle Beteiligten verstehen können, wie es zu dem kam, was ist. Ho'oponopono setzt die Gruppe, das Gemeinsame in den Vordergrund. Kuukulu kumuhana ist das gemeinsame Ziel, das nur durch alle erreicht werden kann und dazu hat jeder sicher einen wichtigen Beitrag.

Ho'omalu – die Auszeit, das In-sich-gehen

Anderen mit Beschimpfung, emotionaler Erpressung, verbaler oder körperlicher Gewalt zu begegnen, sind Zeichen von inneren Verletzungen. Wenn die Frustration (die unerfüllten Erwartungen und Wünsche) also groß ist, kann es hitzig werden. Dann wird Ho'omalu ausgerufen, eine Zeit der Ruhe, der Besinnung und der Verinnerlichung. Die Kraft entsteht in der Ruhe und das Verstehen wächst, wenn man lernt, sich in Ruhe verständlich auszudrücken. Das gemeinsame Ziel ist die Harmonie und nicht das Durchsetzen von Begierden. Harmonie darf nicht erheuchelt werden. Es ist kein Akt der Friede-Freude-Eierkuchen- oder Heile-Welt-Mentalität. Es ist die Suche nach echter Erkenntnis, dass ein kreatives Miteinander möglich ist.

Mihi

Mihi ist das sichere, aus dem Herzen heraus gesprochene, sich selbst und anderen Eingestehen, etwas „Hässliches" und Destruktives getan zu haben. Mihi ist das innere Bestreben den Frieden und die Klarheit durch das Bitten um Vergebung wieder herstellen zu wollen. Mihi bedeutet zu vergeben. Wann immer um Vergebung gebeten wird, wird Vergebung gegeben.

Kala

Aus Mihi folgt Kala. Sobald aus dem Herzen heraus um Vergebung gebeten wurde und aus dem Herzen heraus Vergebung gegeben wurde, werden alle negativen Gedanken entlassen. Kala bedeutet, sich jetzt von allen destruktiven Gefühlen zu befreien und keinen Gedanken mehr an Urteil, Vergeltung, Groll, Neid und so weiter zu verschwenden. Die Situation und das Problem sind jetzt nämlich oki.

Oki

Oki bedeutet erledigt. Nach Mihi und Kala ist das Problem vom

Tisch und gilt als aufgelöst. Es ist nicht mehr nötig daran noch einmal zu rühren. Die Festplatte wurde gelöscht. Das Problem ist bei Gott und Er kümmert sich um die Transformation.

Pani

Pani ist eine abschließende Zusammenfassung des Problems, der Lösung und eine Bekräftigung des Ziels des Individuums oder der Gruppe.

Pule ho'opau

ist das abschließende Gebet. Es ist ein Dank an Gott, allen Beteiligten das Verständnis, die Intelligenz und die Weisheit gegeben zu haben, aktiv zur Lösung beigetragen zu haben.

Gemeinsames Essen

Traditionell wird ein Ho'oponopono mit einem gemeinsamen Essen beendet.

Das klassische Ho'oponopono alleine

Wenn irgendetwas schief läuft (*Pilikia*), es Ärger gegeben hat, Sie krank sind, nicht weiterkommen oder ein Ziel suchen, dann ist es eine gute Gelegenheit des stillen In-sich-Kehrens, der selbstkritischen Analyse und des Wiederauferstehens wie Phönix aus der Asche. Nehmen Sie sich ein Blatt Papier und einen Stift.

Schreiben Sie als erstes das offensichtliche Problem auf. Pilikia – die Spitze des Eisberges. Ihr Schiff ist gegen einen Eisberg gefahren, der nur zu einem Fünftel aus dem Wasser ragt. Dieses eine Fünftel ist Pilikia, das offensichtliche Problem oder der Auslöser. Hala und Hihia sind die anderen vier Fünftel. Beten Sie zu Gott um göttliche Einsicht, Intelligenz und Verständnis den Knoten in Ihrem Herzen zu lösen.

Jetzt kommen Hala und Hihia. Sie sind das Netz, die ganze Tragödie und die verschiedenen Ebenen, wie sich das Problem im Alltag zeigt. Wo ecken Sie an und wo stecken Sie fest? Wo geht es nicht weiter, was wiederholt sich, und was passiert Ihnen immer wieder?

Schreiben Sie jeden Punkt nummeriert auf, der ihnen ein- und auffällt, wie sich das Problem in Ihrer Welt manifestiert. Das sind die Bereiche des Lebens, wo Sie sich Steine in den Weg legen, auf Widerstand stoßen, Probleme haben, sich selbst bestrafen und so weiter.

Mahiki: Suchen Sie jetzt in der Stille tief in Ihrem Herzen nach all Ihren Gefühlen und Beweggründen zu jedem Punkt. Schreiben Sie auch das jeweils in einem klaren Satz auf. Bringen Sie es auf den Punkt.

Mihi und Kala: Würdigen Sie jedes Mal Ihr Motiv als etwas, das bisher zu Ihnen gehörte. Bitten Sie nun aufrichtig um Vergebung und vergeben Sie sich selbst.

Sagen Sie zum Beispiel: Ich hatte diese Motivation, weil ... . Es tut mir nun leid. Ich bitte um Verzeihung. Ich vergebe mir jetzt von ganzem Herzen. Ich liebe mich, ich liebe Dich. Danke.

Durchlaufen Sie diesen Prozess mit allen Punkten. Lassen Sie sich Zeit. Es kommt auf die Qualität, die Intensität und Aufrichtigkeit an.

Jedes Mal, wenn Sie sich vergeben haben und sich aus dem Kreislauf der Selbstbestrafung und des Aufbegehrens gegen den Fluss des Lebens befreit haben, vergegenwärtigen Sie sich, dass die Angelegenheit jetzt oki, erledigt, ist. Schauen Sie nicht mehr zurück, sonst werden Sie zur Salzsäule und erstarren in Ihren bekannten Mustern. Wie würden Sie sich fühlen, wenn Ihnen jemand einen verbalen Tiefschlag vergibt und Sie dann doch bei jeder Gelegenheit erinnert: Weißt du noch, was ...? Also oki ist oki.

Pani: Fassen Sie kurz noch einmal Ihr aufgelöstes Problem zusammen und formulieren Sie die gefundenen Lösungen, die Ziele und Ihre neuen Beweggründe Ihres konstruktiven, entwicklungsgerichteten Handelns.

Pule ho'opau: Danken Sie jetzt Gott und den Engeln für Ihren Beistand, dass sie Ihnen die Intelligenz und den Mut gegeben haben, die Dinge zurechtzurücken. Danken Sie Gott für die Transformation und das Wunder, das Er an Ihnen tut. Gott wird Ihr Problem transformieren und Sie werden in bisher ungeahnter Art und Weise denken und handeln.

Das klassische Ho'oponopono in der Gruppe

Für ein Ho'oponopono in der Gruppe brauchen Sie einen Haku (eine Art Mediator). Der Haku (manchmal Tutu genannt) leitet die Zusammenkunft. Er oder sie spricht das gemeinsame Gebet während alle im Kreis sitzen und sich an den Händen halten. Der Haku ist die Person, die auf natürliche Weise von vielen respektiert wird. Sie führt die Gruppe durch die einzelnen Schritte und es ist von Vorteil, wenn er nicht direkt in Hala, in das „Drama" involviert ist. Er ordnet die Gedanken und Paare, die sich gegenseitig um Verzeihung bitten und Vergebung geben. Er mahnt zur Ernsthaftigkeit und Ehrlichkeit. Er ruft Ho'omalu – die Auszeit und das In-sich-Gehen – aus, wenn die Beteiligten sich in Beschuldigungen, Selbstmitleid und Verurteilungen verlieren. In einem Ho'oponopono wollen wir die Fakten wissen und Gott, die Engel und die Ahnen bitten, die Angelegenheit in unseren Herzen zu transformieren.

Beispiel für ein persönliches Anliegen

Braucht ein Mitglied der Familie oder der Gruppe Hilfe, so geht man wie folgt vor.

Der Hilfesuchende (wir nennen ihn David) ruft die Teilnehmer zusammen und schildert sein Anliegen.

1. Man setzt oder stellt sich in einen Kreis, fasst sich an den Händen und spricht ein gemeinsames Gebet.

2. Das Problem oder Anliegen wird noch einmal auf den Punkt ge-

bracht und das Ziel wird bestimmt. Welcher Ausgang, welches Gefühl und welches Ziel wird angestrebt? Das ist sehr wichtig. Jede Familienkonferenz, jedes Ho'oponopono schließt den Wunsch zum gemeinsamen Wachsen ein.

3. Jeder fühlt in sich hinein und stellt sich selbstkritisch die Frage: Was ist in mir, dass dieses Problem verursacht hat? Was teile ich mit David, dass sich dieses Problem manifestiert? Was habe ich getan oder unterlassen?

Sobald jemand etwas, ein Gefühl oder einen Beweggrund in sich gefunden hat, teilt er seine Erkenntnis mit. Man spricht von Herz zu Herz, was man wahrnimmt, fühlt, von den Beweggründen und Bedürfnissen.

4. Dann nimmt man diese Gefühle vollständig an, würdigt sich und die Beteiligten und

5. entschuldet sich (eine materielle Wiedergutmachung)

6. man bittet um Verzeihung (die mentale Ebene)

7. man bittet um Vergebung (die spirituelle Ebene)

8. Die Selbstvergebung: Man vergibt sich selbst und alle Teilnehmer vergeben sich gegenseitig aus dem Herzen heraus und in Mitgefühl.

- Das Opfer vergibt dem Täter.
- Der Täter vergibt dem Opfer.
- Das Opfer vergibt dem Opfer.
- Der Täter vergibt dem Täter.

9. Danach nimmt man sich vollständig an und sagt: Ich liebe mich,

ich liebe dich. Alle würdigen sich und verstehen, dass man auf einer gemeinsamen Reise ist.

10. Danke: Die spezifische Motivation, welche das Problem manifestierte, wird nun gelöscht und befindet sich als reine Erfahrung in der Akasha-Chronik jenseits von Ursache und Wirkung.

11. Wenn keine Beweggründe mehr gefunden werden oder die Zeit ein natürliches Ende schafft, fasst David das Treffen zusammen.

12. David dankt den Teilnehmern für ihre Anteilnahme, ihr Mit- und Einfühlen und endet mit einem Gebet.

Beispiel für einen Konflikt mit mehreren Beteiligten

Haben mehrere Mitglieder einer Familie oder Gruppe einen Konflikt, so geht man wie folgt vor.

Jemand ruft die Teilnehmer zusammen. Er schildert das Anliegen der Zusammenkunft, um die Harmonie und den Frieden der Gemeinschaft wiederherzustellen.

Er bittet jemanden die Leitung als Haku zu übernehmen.

Man setzt oder stellt sich in einen Kreis, fasst sich an den Händen und der Haku spricht ein gemeinsames Gebet.

Das Problem wird noch einmal auf den Punkt gebracht und das Ziel wird bestimmt. Welcher Ausgang wird angestrebt und welches Gefühl, welche Bedürfnisse suchen Erfüllung?

Die konfliktbehafteten Personen (nennen wir sie Opfer und Täter) berichten von ihren Wahrnehmungen. Was haben sie gesehen, erlebt und gefühlt?

Der Haku achtet darauf, dass niemand beschuldigt, ver- oder beurteilt wird.[12] Falls es zu hitzig wird, ruft er eine Auszeit aus.

Täter und Opfer berichten einander noch einmal, während jeder in sich im Herzen um Mitgefühl und Vergebung bittet.

Jetzt folgt die Phase des Entschuldens. Das ist die matrielle Ebene. Vielleicht muss eine materielle Wiedergutmachung erfolgen. Wurde etwas genommen, muss es zurückgegeben werden. Wurde schlecht über jemanden gesprochen, muss man sich entschuldigen und die guten Eigenschaften loben.

Jeder in der Gruppe ist auf die eine oder andere Weise beteiligt. Jeder sucht in seinem Herzen nach seinen Anteilen am Problem und der Resonanz in sich. Wie bin ich Entstehen des Konflikts beteiligt?

Der Täter (auch das Opfer ist vielleicht Mittäter) bittet um Verzeihung. Das Opfer verzeiht dem Täter. Der Täter verzeiht dem Opfer, und Opfer und Täter verzeihen sich selbst. Die Gruppe verzeiht sich selber im Herzen für ihre Anteile am Konflikt.

---

12 Beobachten und berichten ohne zu werten kann man lernen. Bitte gucken Sie sich das Buch „Gewaltfreie Kommunikation" von Marshall B. Rosenberg zu diesem Thema an.

Jetzt folgt die Vergebung. Der Täter (auch das Opfer ist vielleicht Mittäter) bittet um Vergebung. Das Opfer vergibt dem Täter. Der Täter vergibt dem Opfer, und Opfer und Täter vergeben sich selbst. Die Gruppe vergibt sich selber im Herzen für ihre Anteile am Konflikt. Man bittet Gott, die Engel und die Ahnen um Vergebung.

Jetzt folgt das Bekenntnis zur Liebe. Alle sprechen jeweils bei jedem Beweggrund: „Ich liebe dich. Bitte verzeihe mir. Es tut mir leid. Ich liebe mich. Danke."

Die spezifische Motivation, die den Konflikt manifestierte, wird in Liebe transformiert.

Jetzt folgt der Dank. Alle Beteiligten bedanken sich gegenseitig für die Erkenntnis, die Vergebung und die Liebe. Man bedankt sich wieder bei Gott und den Ahnen für das Wunder und die Transformation.

Der Haku dankt allen Teilnehmern für ihre Anteilnahme, für ihr Mit- und Einfühlen. Er oder sie fasst das gemeinsame Ziel zusammen und endet mit einem Gebet.

Im Anschluss wird etwas gemeinsam gemacht, z. B. gefeiert und gemeinsam gegessen.

Wenn es keine Lösung gibt

Was ist, wenn Sie zu keinem Ende kommen und der glückliche Ausgang nicht erreicht wird? Was ist zu tun, wenn Sie sich oder anderen nicht vergeben können, wenn keine Vergebung möglich ist? Vielleicht ist es möglich Folgendes zu sagen: „Es tut mir leid. Ich verzeihe mir, dass ich nicht verzeihen kann. Ich liebe mich und ich liebe dich. Ich würdige das Problem, das zu mir gekommen ist, mich etwas zu lehren."

Ist auch das nicht möglich lautet die klassische Vorgehensweise in der Gruppe: Ruhe bewahren und die Familiensitzung vertagen. Wenn Sie zu keiner Vergebung fähig sind, bringt der Tutu das Treffen zu einem sanften Ende. Er dankt allen Teilnehmern für Ihren Mut und die Bereitschaft den Frieden suchen zu wollen. Er bittet um innere Einkehr und setzt ein neues Treffen an. Damit wird der gemeinsame Wille zu Wachstum und zu den gemeinsamen Zielen bekräftigt. Es endet mit pule ho'pau, dem Gebet.

Wenn Sie sich selber nicht vergeben können, stellen Sie bitte folgende einfache Überlegung an: Wir handeln immer nach dem, was gerade für uns möglich ist. Jeder handelt nach bestem Wissen, nach dem, was man gerade weiß, kann oder für sich möglich hält. Sie haben damals Ihr Bestes getan. Heute wissen Sie es besser. Wenn Sie das Wissen von heute gehabt hätten, hätten Sie sicher anders gehandelt. Dieses Wissen von heute fehlte Ihnen aber. Bitte vergeben Sie sich, dass Sie es nicht besser wussten.

Oder - Sie wussten es schon besser, aber Sie waren aus dem einen oder anderen Beweggrund schwach. Bitte vergeben Sie sich diese Schwäche. Wenn Sie das Wissen von heute gehabt hätten, wären Sie vielleicht nicht schwach gewesen oder Sie hätten nach einer anderen Lösung gesucht. Sie haben in jenem Augenblick der Schwäche das für Sie Mögliche getan. Vergeben Sie sich jetzt.

Falls Sie sich noch immer nicht vergeben können, stellen Sie sich folgende Frage: Haben Sie Schuldgefühle? Behindern diese Schuldgefühle den Fluss Ihres Lebens? Ja? Sind diese Schuldgefühle vielleicht eine Form der Selbstbestrafung? Verurteilen Sie sich? Blockieren Sie Ihre eigene Entwicklung und stehen Sie sich selbst im Wege? Haben Sie sich jetzt nicht genug bestraft und ist jetzt nicht die Zeit der Berufung und Begnadigung?

Wenn Ihr bester Freund oder Ihre beste Freundin dieses Problem hätte und in diesem inneren Konflikt des Nicht-verzeihen-Könnens gefangen wäre, was würden Sie ihr oder ihm raten? Würden Sie ihm oder ihr raten sich zu verzeihen? Bitten Sie ihren Freund oder Freundin folgende Formel anzuwenden: „Es tut mir leid. Bitte verzeihe mir. Ich liebe dich. Ich liebe Dich von ganzem Herzen. Danke."

Wenn Sie den Rat geben würden, sich endlich zu vergeben, dann ist es nun wirklich an der Zeit sich selber zu vergeben. Bemühen Sie sich, sich genauso zu lieben, wie Sie Ihren besten Freund oder Ihre Freundin lieben. Lieben Sie sich selbst bedingungslos und befreien Sie sich. Wiederholen Sie diese Übung solange, bis Sie sich verzeihen können.

Ho'omalu – die Auszeit und das In-sich-gehen[13]

Wenn es in der Gruppe zu hitzig wird und der Haku zur Besinnung ruft, ist es am besten alle Teilnehmer setzen sich in einen Kreis. Dann reicht man sich die Hände und man spricht wieder ein Gebet. Man macht wieder etwas zusammen und der Einzelne hat vielleicht für einen Moment keine Zeit über Verletzungen und Enttäuschungen zu brüten. Manchmal ist es nur ein Spalt, der im Bewusstsein für die Vergebung und das Mitgefühl offen ist, aber jeder noch so kleine Schritt, den man aufeinander in Liebe zugeht, ist wichtig.

Im Eingangsgebet wurde um Verstehen, Weisheit, rechtes Hören und Sprechen gebeten. Diese Bitte wird nun wiederholt. Der Tutu bittet im Namen der Gruppe um Verzeihung, unbedacht und respektlos gesprochen zu haben. Er sagt im Namen der Gruppe wie leid es ihm tut und er bedankt sich für das Wunder der Transformation.

Ob man an Gott glaubt oder nicht, spielt keine Rolle. Wichtig ist sich mit einem höheren Bewusstsein zu verbinden oder auf eine höhere Ebene der Aufmerksamkeit zu wechseln, um die alten Denkmuster verlassen zu können.

---

13 An dieser Stelle möchte ich auf die Bücher von Klaus Jürgen Becker hinweisen: Ho'oponopono – Die Kraft der Selbstverantwortung und Ho'oponopono - Der innere Diamant – Beide Bücher erschienen bei Riwi. Seine Webseite mit Seminareterminen, Beratungsmöglichkeiten, Tipps und Downloads finden Sie unter: KlausJuergenBecker.de

Kleine Wunder aus der Praxis

„Jeder Mensch, der sich selbst heilt,
dehnt diese Heilenergie
auf die Gesamtheit aller Lebewesen aus."

Wir leben in einem Universum von Ursache und Wirkung. Die Welt wirkt auf uns und hinterlässt ihre Wirkung. Gleichzeitig wirken wir auf die Welt und hinterlassen unsere Wirkung. Jede Wirkung wird selbst wieder zu einer Ursache. So steht alles mit- und zueinander in Beziehung. Alles schwingt und beeinflusst sich gegenseitig.

Jeder Einzelne trägt eine Melodie in sich und wird von den Schwingungen seiner Umwelt beeinflusst. Besonders deutlich wird dieses Prinzip in kleinen Gruppen und am Arbeitsplatz, wenn Stimmungen, Mobbing oder Gerüchte wie aus dem Nichts entstehen. Wir sehen dieses Phänomen in den Trends, der Mode und wenn ein ganzes Volk mit lautem Geschrei in den Kampf zieht. Hinterher schüttelt jeder den Kopf und fragt sich: „Wie konnte das nur geschehen?"

Was diese Schwingungen im individuellen Rahmen anrichten können, zeigt sich in wiederkehrenden Familiengeschichten und immer wiederkehrenden persönlichen Konflikten. Über viele Generationen können Verhaltensweisen weitergegeben werden, die an einen Fluch erinnern.

Die Außenwelt ist ein Spiegel des Inneren. Dieser Spiegel ist nötig, damit wir unsere inneren Konflikte überhaupt erkennen können. Der Einzelne gibt sein inneres Problem nach außen, damit die Welt ihm hilft diesen inneren Konflikt zu erlösen.

Alle Konflikte können nur auf einer energetisch höheren Ebene gelöst werden. Probleme durch Ablehnung, Verdrängung und Ausgrenzung können nicht durch noch mehr Ablehnung und Widerstand erlöst werden. Alles, was wir zu verdrängen suchen, kommt nur auf anderen Wegen zurück. Um zu wachsen müssen wir uns den Dämonen und Drachen in uns stellen.

Persönliche Probleme und Muster

Beate und Ruth hatten ein Buch geschrieben. Im Eigenverlag erschienen, waren bereits nach einem halben Jahr 800 Stück verkauft. Beate sprach von Erfolg, doch Ruth machte sich Sorgen. Sie wusste, dass Sie den wirklichen Durchbruch mit ihren negativen Glaubenssätzen behinderte. Bei einem Treffen unserer Familien erzählte ich von unseren Erfolgen mit dem hawaiianischen Vergebungsritual Ho'oponopono. Ruth ergriff die Gelegenheit und arbeitete den ganzen Nachmittag an der Lösung und Erlösung verschiedenster Gewohnheiten. Immer wieder vergab sie sich und bekräftigte: „Ich verzeihe mir. Es tut mir leid. Ich liebe mich. Danke."

Am nächsten Tag rief sie mich an. Sie hatte sich ihre negativen Glaubensmuster vergeben und aufgehört sich zu bestrafen. Das Wunder ließ nur eine halbe Stunde auf sich warten. Die Redakteurin einer großen Tageszeitung rief an und berichtete, sie habe von ihrem Buch gehört und man wolle sich treffen. Diese Zeitung bringt nun eine ganze Serie darüber. Ein Stein kam ins Rollen.

Die Fragen, die sich Ruth stellte, lauteten: Was ist in mir, dass ich soviel Angst habe in die Öffentlichkeit zu gehen? Warum habe ich Zweifel an mir?

Alle Muster und Glaubenssätze, nach denen wir handeln, haben das Ziel uns mehr Freude, Genuss und Lust zu bringen oder auf der anderen Seite uns vor Schmerzen zu bewahren.

Sie sind die verinnerlichten Reaktionen auf Erfahrungen und Ereignisse, die wir zu wiederholen wünschen, weil sie uns Genuss und Freude bringen oder auf der anderen Seite Reaktionen auf Erfahrungen und Ereignisse, die wir zu vermeiden suchen, weil wir Leid und Unglück erwarten. Leider haben sich diese Reaktionen und Erinnerungen irgendwann verselbstständigt. Sie sind dann Hindernisse statt Hilfen. Destruktive Muster wirken wie große Kratzer auf einer Schallplatte. Die Platte hängt und das Leben kann sich nicht entfalten. Jedes Mal, wenn etwas Bestimmtes gesagt oder getan wird, wenn sich eine Situation wiederholt, wird der rote Knopf gedrückt, und das Muster spult sich selbstständig ab.

Denken Sie an den Perfektionisten, den notorischen Nörgler, den ewigen Verlierer, all die anderen und natürlich an sich selber. Niemand, der nach solchen Mustern handelt, ist frei. Das kann sich soweit entwickeln, dass Menschen sich sogar durch Leid definieren und ihr Glück im Leid suchen.

Das Leben für Menschen in Opferhaltung kann für das Umfeld recht anstrengend sein. Leicht und ohne es zu wissen, greift mal wieder jemand in die Wunde der Vergangenheit und das tut dann verdammt weh. Was da schmerzt ist aber nicht das, was ist oder geschieht. Was schmerzt sind die Verletzungen der Vergangenheit.

Die Vergangenheit heilen

Genauso, wie wir unsere physische Nahrung, also das, was wir essen und trinken, verdauen müssen, so müssen wir auch unsere geistigen Eindrücke und Erlebnisse verdauen. Im Deutschen haben wir sogar einen Ausdruck für Erinnerungen, die nicht aufhören, unsere Gedanken und Gefühle negativ zu färben: „Das kann ich einfach nicht verdauen ..."

Das, was mental nicht mehr gebraucht wird, die bewussten und unbewussten Gedanken-Toxine und Abfallstoffe, müssen nach draußen befördert werden. Bedenken Sie: Wenn Sie tagelang nicht auf die Toilette gehen, werden Sie sehr krank, und genauso werden Menschen krank, die sich nicht von ihren vergiftenden Gedanken verabschieden wollen. Innerer Groll, Ärger, Wut, Neid, Eifersucht usw. sind Gifte im Herzen, die entsorgt werden müssen. Zuerst ist man geistig krank und später sogar körperlich, denn der Körper folgt der Geisteshaltung.

Es gab eine Phase, da konnte ich mich so richtig aufregen. Wenn ich mich ungerecht behandelt fühlte, sich mein Ego getroffen und verletzt fühlte, schimpfte und jammerte ich. Irgendwann bemerkte ich dann, dass ich, wenn ich mich besonders ereifert hatte, einen dicken Pickel in der Nase bekam. Das tat dann weh und nachdem ich mich lächerlich gemacht hatte, leuchtete auch noch mein Zinken wie bei einem Clown. Heute weiß ich aus ayurvedischer Sicht, dass sich mein Blut „erhitzte" und die Toxine nur einen Ausgang suchten. Man könnte auch einfach sagen: Ich hatte mental die Nase voll und das manifestierte sich eben.

Man kann schlechte Erinnerungen nicht durch Verdrängung lösen. Die Ereignisse der Vergangenheit können nur durch das Verstehen Ihrer inneren Lernaufgaben und durch Vergebung erlöst werden. Mit der Vergebungs- und Liebestechnik Ho'oponopono werden die Daten der Erinnerung gelöscht.

Alle Verletzungen wollen geheilt und erlöst werden, doch ohne Verständnis und Vergebung wird man immer wieder in alten Wunden stochern und in alte Verhaltensmuster zurückfallen. Alle Konflikte und Muster sind Spiegel ungelöster Konflikte im Inneren. Alle Probleme sind entweder Verstrickungen (Stricke, die uns zu Fall bringen) durch das Ursache-Wirkung-Prinzip oder sogenannte Unreinheiten im Herzen.

Alle Fallstricke durch das Ursache-Wirkungs-Prinzip müssen aus dem Weg geräumt werden, damit wir auf dem Pfad zu Erfolg, Glück und Frieden voranschreiten können. Diese so genannten Unreinheiten im Herzen (z. B. Neid, Zorn und Geiz) hemmen unsere materielle und spirituelle Entwicklung.

Alle negativen Muster und Glaubenssätze lösen Sie durch Annehmen und Würdigen als Programme Ihres Unterbewusstseins, die Sie vor Schaden bewahren wollen. Ein Ho'oponopono ist eine gute Gelegenheit das Herz von Ballast, Giften, mentalen Toxinen, Mustern und anderen destruktiven Reaktionsmechanismen zu reinigen. Ihr Leben wird dann leichter und Sie können voranschreiten.

Wenn Sie Ihre Wahrnehmung reinigen, können Sie Ihren Weg klar erkennen. Indem Sie sich vergeben und Ihr Herz reinigen, ordnet sich das Äußere von selbst. Das Feinstoffliche, die Gedanken, Gefühle sind Ursache und das Grobstoffliche ist Wirkung. Die Welt reflektiert das, was wir aussenden.

Die Zukunft reinigen: Sabine und Manfred ließen sich scheiden

Wie sollte es auch anders sein – alles hatte ganz toll angefangen. Eigentlich wollten Sabine und Manfred zusammen wachsen, aber irgendwie war es dann doch eine co-abhängige[14] Beziehung geworden. Nachdem der Hormonspiegel wieder gesunken war, spielten beide ihre in der Kindheit einstudierten Rollen. Professor Dumbledore würde sagen: „Es gibt einen leichten Weg und einen richtigen Weg."

---

14 Ich empfehle das Buch „Liebe macht stark" - Von der Abhängigkeit zur engagierten Partnerschaft von Gay und Kathlyn Hendricks.

So gaben sie sich gegenseitig die Schuld für ihr Versagen, gemeinsam zu wachsen, oder an der Nicht-Befriedigung ihrer unausgesprochenen Erwartungen.

Sabine erzählte, sie habe die Kosten für die Scheidung übernommen und im Voraus bezahlt. Ihr letztes gemeinsames Essen mit Manfred zwei Tage vor dem Termin wurde zum Desaster: Sie warfen sich gegenseitig vor, einander verlassen zu haben. Manfred war noch vor dem ersten Bissen wieder gegangen und Sabine fürchtete nun, Manfred werde nach diesem Gefühlscocktail nicht zum Scheidungstermin erscheinen. Er hatte kein Auto und wenn er nicht kam, hätte Sie das Geld für die Gerichtskosten in den Sand gesetzt. Spontan machten wir ein Ho'oponopono.

In diesem Fall ging es also darum etwas zu heilen, von dem man befürchtet, es könne sich ereignen. Wir sehen, mit Ho'oponopono lassen sich nicht nur Ereignisse der Vergangenheit sondern (vor allem) auch Befürchtungen, Absichten und Vorurteile bereinigen.

„Wenn wir Manfred wären, warum würden wir den Scheidungstermin mit Sabine platzen lassen?" Jeder ging in sich und suchte nach den eigenen Beweggründen es anderen „heimzuzahlen, andere auflaufen zu lassen, beleidigt zu sein, Muster ablaufen zu lassen, die Familiengeschichte zu wiederholen, gerade kein Geld zu haben, die Situation nicht ernst zu nehmen, zu flüchten und so weiter".

Immer, wenn wir etwas gefunden hatten, sagten wir zu uns: „Bitte vergebe mir. Ich vergebe mir, ich vergebe dir. Es tut mir leid. Ich liebe mich, ich liebe dich. Danke."

Dann ging es in die zweite Runde. „Wenn wir Sabine wären, warum hätten wir dann eine Situation erschaffen, in der wir die gesamten Kosten übernehmen?"

„Ich würde die Kosten für die Scheidung übernehmen, weil ... ich so lange mit Manfred gelebt habe, dass mir die Scheidung gar nicht real erscheint. Ich zahle, aber wir bleiben sowieso zusammen. Ich kann mir gar nicht vorstellen, dass es endgültig ist. ... ich war immer die Stärkere und damit beweise ich meine Kraft. ... ich kaufe mich dadurch frei. ... ich mache einen dicken Schlussstrich. ... ich möchte es ihm heimzahlen und zeigen wie selbstständig und entschlossen ich bin. ... er tut mir leid. ... ich habe gerade das Geld und wir wollen die Sache hinter uns bringen. ... ich bin ihm dankbar. ... ich liebe ihn noch immer. ..."

Jedes Mal, wenn jemand etwas bei sich gefunden hatte, wiederholten wir: „Bitte vergebe mir. Es tut mir leid. Ich liebe dich. Ich liebe mich. Danke." Noch am selben Tag rief Manfred an und fragte, ob Sabine ihn zum gemeinsamen Gerichtstermin mitnehmen könne.

Fazit: In einem gigantischen Evolutionsprozess, den wir Leben nennen, spielen wir alle verschiedene Rollen, um uns gegenseitig viele Möglichkeiten der Erfahrung und des Wachsens zu ermöglichen.

Die Nachbarin

Marinas Nachbarin ist eine Jägerin. Wir waren gerade zu einem vorweihnachtlichen Essen gekommen, als wir ein fröhliches Hornblasen hörten. „Oh nein", meinte Marina. „Nicht jetzt." Die Nachbarin kündigte mit einer bekannten Melodie an, sie werde gleich ein am Brustkorb geöffnetes Reh an die Scheune nageln. Hm, wir guckten verwirrt und Marina erzählte, das Reh werde dort ein paar Stunden hängen. Na ja, es war Winter – keine Fliegen, dachte ich, und als Vegetarier ist das nicht mein Problem - „Von wegen", meldete sich meine innere Stimme.

Wir gingen in uns. „Wenn ich diese Jägerin wäre, warum würde ich erst ins Horn stoßen und dann ein Reh an die Dorfstraße hängen?"

... es ist eine Tradition und ich habe mir darüber keine Gedanken gemacht, dass es jemanden stören könnte. ... ich möchte Anerkennung. Die Bewohner in der Straße sollen mich bewundern. ... ich fühle mich einsam. Ich kann nicht auf Menschen zugehen und wähle deshalb diesen Umweg um Aufmerksamkeit zu bekommen. ... es ist meine Art zu werben. Vielleicht spricht mich jemand an und braucht einen Wildbraten. ... man hat mich in meiner Jugend hier im Dorf nicht ernst genommen. Aber jetzt bin ich wer. ... das Scheunentor an der Straße ist der einzige Platz, den ich dafür habe. ... ich will mit meiner Nachbarin ins Gespräch kommen. ... ich kann mich selber nicht leiden und zeige auf diese Art, wie grausam ich innerlich zu mir bin. ... ich fühle mich innerlich schwach und zeige nach außen durch Übertreibung mit meiner Uniform, das Hornblasen und das

Reh, dass ich stark sein will. ... mein Vater war auch Jäger und ich würdige sein Andenken. ... ich möchte zeigen, dass ich eine Frau bin, die es mit Männern aufnehmen kann. ...

Bei jedem Beweggrund, den wir entdeckten, vergaben wir uns: „Bitte verzeihe mir. Es tut mir leid. Ich liebe dich. Ich liebe mich. Danke."

Dann kam die zweite Runde. Wenn ich Marina wäre: Warum hätte ich so eine Nachbarin? Warum manifestiert sich diese Situation in meinem Leben?

Ich habe so eine Nachbarin, weil ...

... ich an meinem Auto einen Schriftzug habe, mit dem ich für meine Firma werbe. Damit fahre ich herum und hoffe, dass die Leute es sehen. – Alle lachten – ... wir haben einen Bauerhof. Wir schlachten Tiere und sie auch. ... ich mag meine Nachbarin nicht und sie tut mir nur einen Gefallen, mich in meinem Glauben zu bestärken.

Wir suchten nach unseren Gründen und Resonanzen und vergaben uns von Herzen. „Bitte verzeihe mir. Es tut mir leid. Ich liebe dich. Ich liebe mich. Danke", bekräftigten wir.

Weit kamen wir eigentlich nicht, denn Marina meinte nach zehn Minuten verdutzt aus dem Fenster blickend: „Das Reh ist ja weg?"

In der Schule

Andrea, Lehrerin, hat ein paar Schüler, die jede Gelegenheit nutzen den Unterricht zu stören. Am Wochenende visualisierte sie jeden ihrer Schützlinge und fragte sich: Wenn ich dieses Kind wäre, warum würde ich dann den Unterricht und meine Mitschüler stören? Jedes Mal, wenn Andrea etwas in sich gefunden hatte, warum sie stören würde, sagte sie: „Es tut mir leid. Bitte verzeihe mir. Ich vergebe mir und ich vergebe dir. Ich liebe mich. Ich liebe dich. Danke!"

Das tat sie solange, bis ihr nichts mehr einfiel und sie ein tiefes Mitgefühl für die Situation, für sich und das Handeln der Kinder hatte.

Danach suchte sie nach allem, was in ihrem Herzen resonierte. „Was ist in mir, das diese Kinder in mein Leben bringt? Was ist das für ein Spiegel?" Sie fand eine lange Liste und sagte jedes Mal: „Das tut mir leid. Ich vergebe dir. Ich vergebe mir. Ich liebe dich und ich liebe mich. Danke."

Entspannt ging sie in den Unterricht.

„Seitdem ist alles ruhiger geworden", erzählte sie nach einer Woche und Tanja, die „Schlimmste", zeigt sich plötzlich sehr interessiert. Andrea machte die Übung trotz oder gerade wegen des Erfolgs weiter und einen Monat später war die ganze Gruppe wie verwandelt.

Selbstbewusstsein und Selbstwertgefühl

Markus ist ein Mensch, der auf andere zugeht und sich gut auszudrücken weiß. Trotzdem hat er, wie er uns schilderte, ausgesprochen wenig Selbstbewusstsein. Wir trafen ihn bei einem Ho'oponopono-Workshop und liebend gern stellte er sein Problem zur Verfügung.

„Wenn ich Markus wäre, warum hätte ich wenig Selbstvertrauen?"

Jeder konnte genug Gründe finden, warum man selber wenig, zu wenig oder kein Selbstvertrauen habe. Ein beliebtes Thema.

Wir vergaben uns von Herzen und bekräftigten: „Bitte vergib mir. Ich vergebe mir, ich vergebe dir. Es tut mir leid. Ich liebe mich und ich liebe dich. Danke."

Da ist das Schöne an Ho'oponopono. Die wahren Gründe sind unwichtig. Es entwickelt sich dann zu einer Art Gesellschaftsspiel, bei dem man über die eigenen Schwächen lacht und sich über die Wärme und Erleichterung freut.

In der zweiten Runde stellten wir uns folgende Frage: Wenn wir Markus wären, warum würden wir Situationen anziehen, die uns in unserem Glauben bestärkten, wir seien nicht gut genug?

Jeder fand für sich einige Gründe und alle schienen bei jedem „Ich vergebe dir, ich vergebe mir" zu wachsen und zu leuchten.

Markus strahlte ebenfalls und erklärte glücklich, dass die Leere in seinem Herzen verschwunden sei.

Finanzielle Probleme: das Bankkonto mit dem Jo-Jo-Effekt

Wenn Sie Ihre Ziele kennen und auch die Methoden Ihre Ziele zu erreichen und Sie dann trotzdem Ihre Ziele nicht erreichen, liegt es mit großer Wahrscheinlichkeit an Ihren negativen, Sie eingrenzenden Glaubenssätzen. Sie haben dann nicht genug Vertrauen in sich, dass Sie Ihr Ziel auch erreichen können und Ihr Unterbewusstsein ist falsch programmiert.

Wegen unserer eingeschränkten Wahrnehmung, können wir dann die Möglichkeiten einfach nicht sehen – das Gehirn blendet sie aus, weil diese Gelegenheiten nicht in unser Lebenskonzept passen – oder wir schätzen wahre Goldgruben als Schlangengruben ein. Jemand, auf dessen Landkarte im Kopf sich eine Zeichnung befindet, auf der steht „Geld ist die Wurzel allen Übels", wird unbewusst immer einen großen Bogen um Geld machen. Da kann ein ganzer Sack neben der Parkbank, auf der man sitzt, stehen und man sieht ihn einfach nicht. Kommt Ihnen folgendes Gespräch vielleicht bekannt vor? „Wo ist das Salz?" „Auf dem Tisch." „Wo?" „Auf dem Tisch." „Hm, ich kann es nicht finden!" „Na hier. Direkt vor deiner Nase." „Ah so – gar nicht gesehen."

Mit großer Anstrengung oder Glück (nennen wir es mal so) kann das Bankkonto auf einen beträchtlichen Betrag anwachsen. Wenn Ihr Unterbewusstsein jedoch darauf programmiert ist, dass Sie als „spiritueller Mensch" kein Geld haben dürfen, dann wird Ihr Unterbewusstsein einen Weg finden, dass sich Ihr Guthaben irgendwie wieder in Luft auflöst. Sie setzen dann aufs falsche Pferd, verspielen alles an der Börse, verleihen es auf Nimmerwiedersehen oder gehen mit Ihrem Geschäft einfach baden.

Genauso erging es Uwe und mir übrigens auch. Er war entschlossen, ehrgeizig und arbeitete von morgens bis abends. Nur – er konnte sich noch so sehr anstrengen: Mit seinem Kontostand ging es auf und ab. In seiner Biographie stand geschrieben, dass finanziell reiche Menschen ihr Vermögen nur auf unehrliche Art und Weise verdient haben und noch allerlei anderes Zeug, wie schlecht man ist, wenn man Geld hat. So arbeitete er hart statt smart, und wenn er etwas auf die Seite gelegt hatte, fand er immer einen Weg es wieder zu verlieren – das Leben, das Universum, hatte jede Menge Tricks auf Lager.

Stellen Sie sich vor, Sie seien ein Computer. Der Körper oder Ihr Gehirn ist die Hardware und Ihre Art zu denken ist die Software. Wenn Sie das falsche Programm geladen haben oder die Festplatte einfach voll ist, müssen Sie ein neues Programm starten und alte Daten löschen. Wenn Sie auf einem Taschenrechner eine neue Rechnung eingeben wollen (wie zum Beispiel die Höhe Ihres Jahreseinkommens in den nächsten zwei Jahren), dann müssen Sie erst auf C drücken und die Ziffern der letzten Rechnung löschen. Ho'oponopono ist eine mächtige innere Reinigung, mit der Sie sich von alten Daten, Erinnerungen und einschränkenden Glaubenssätzen befreien können. Die alten „unreinen" Daten müssen gelöscht werden.

Uwe und ich, trafen uns und machten ein Ho'oponopono. Wir misteten so richtig aus und nicht nur der Stand seines Bankkontos hat sich jetzt stabilisiert, sondern auch meiner. Wenn ich Uwes Bankkonto wäre, warum würde ich mich so verhalten?

Wenn ich Uwe wäre, warum hätte ich dieses Problem in mein Leben gezogen? Bitte beantworten Sie diese Fragen für sich selbst und treten Sie in die Heilung.

Warum haben Menschen Rückenschmerzen?
Ich habe in einem Heile-dein-Herz-Workshop Notizen gemacht und vielleicht erfahren Sie hier etwas über sich.

Ich kümmere mich nicht genug um mich. Das macht mir Sorgen. – Weil ich mein Herz nicht öffne, zieht sich etwas in mir zusammen. – Ich muss alles kontrollieren. Diese Last drückt mich nieder. – Ich schiebe die Verantwortung auf andere. Die haben dann noch mehr zu tragen. – Es gibt in meiner Welt Menschen mit Rückenschmerzen, damit ich Arbeit habe (eine Physiotherapeutin). – Ich bin verkrampft, nicht locker, nicht im Fluss mit dem Leben. – In meiner Familiengeschichte haben alle Rückenschmerzen und ich trage diese Erblast als negativen Glaubenssatz. – Ich bin aus meiner Mitte geraten. Die Muskeln an meiner physischen Mitte tun mir weh. – Ich mache mich manchmal kleiner als ich bin. Ich scheue mich vor anderen Menschen meine wahre Größe zu zeigen. – Ich buckle. – Meine Rückenschmerzen zeugen von meiner unterdrückten Wut meine zornvolle Wahrheit auszusprechen und zu transformieren.

„Ich liebe dich! Ich verzeihe mir. Es tut mir leid. Danke!"

Das neue Notebook

Natalie machte Frühlingsputz und wirbelte durch ihre Wohnung. Irgendwann nahm sie ihren Ring vom Finger und legte diesen auf die Tastatur ihres Notebooks. Dort würde sie ihn sicher wiederfinden, dachte sie bei sich. Sie machte weiter, hier und da, putze die Fenster und als sie Staubwischen wollte, klappte sie ihr Notebook erstmal zu: Krack, knirsch, knack. Der Ring steckte im Display – der Monitor hatte einen Riss. „Hm, vielleicht ist noch Garantie drauf." Sie rief beim Händler an und erzählte das Malheur. „Nichts zu machen. Da sind sie selber schuld" hörte sie den Verkäufer sagen und frustriert legte sie auf.

Natalie hatte unser Praxis-Seminar besucht und eine Ho'oponopono-Technik kennengelernt, die wir „den Laufzettel" nennen. Sie setze sich also hin um machte nach der Anleitung ein Ho'oponopono. Sie entschuldigte sich, bat den Computer und den Händler um Verzeihung und vergab sich all ihre Schusslichkeit, Unbeswusstheit, Zorn, Bestrafungszwang, Unordnung, Angst vor dem Besuch der Mutter und noch einiges mehr.

Nach ca. einer halben Stunde klingelte das Telefon. „Ich habe mit meinem Chef über die Sache gesprochen", sagte der Mann am anderen Ende der Leitung. „Wir nehmen das mit in die Kulanz. Bringen Sie ihren Laptop vorbei und wir tauschen das ganze Gerät aus." „Danke, danke für das Wunder", antwortete Natalie.

Spirituelle Lösungen
für materielle Probleme

n seinen Studien erkannte Albert Einstein, dass es nicht möglich sei Probleme auf der gleichen Ebene zu lösen, auf der sie entstanden waren. Ein Problem, egal welcher Natur, ließ sich einfach nicht mit der gleichen Art zu denken lösen, mit welcher man das Problem verursacht hatte. Er schrieb, dass es nötig sei, sich auf ein höheres „Denkniveau" zu erheben, um ein Problem lösen zu können.

Mit anderen Worten: Wenn ich immer nach einem Apfelkuchenrezept mit den Zutaten für einen Apfelkuchen backe, wird auch nur ein Apfelkuchen herauskommen. Vielleicht nimmt man mal Pflaumen, etwas mehr Zucker oder Bio-Vollkorn-Mehl, doch es wird nie eine Pizza.

„Wie man sät, so erntet man."

Sät man Weizen, bekommt man Weizen und keinen Hafer. Wenn man Hafer haben will, muss man Hafer säen. Was sich im Leben manifestiert, ist unsere Ernte – und wie in einem richtigen Garten wächst auch Unkraut im Leben, ohne dass wir es wollen.

Wenn man immer das Gleiche tut, bekommt man immer die gleichen Ergebnisse. Vielleicht probiert man mal etwas anderes, aber solange das Bewusstsein und die Aufmerksamkeit[15] die gleichen bleiben, kann sich nichts ändern. Die Bühne im Leben mag eine neue sein, und auch die Schauspieler mögen wechseln, aber das Stück des Lebens, ob Drama oder Komödie, bleibt das gleiche.

Um an unseren persönlichen und weltweiten Herausforderungen zu bestehen und zu wachsen, ist es nötig, dass wir unsere Sichtweisen in andere Denk-Dimensionen erweitern und uns vor allem auf eine höhere Ebene der Bewusstheit und Aufmerksamkeit begeben. Vielleicht befinden wir uns in einer Art Froschperspektive. Der Frosch hat keine Ahnung von fliegenden Störchen und trotzdem wird er von ihnen gefressen. So glaubte man lange Zeit, nur Schiffe aus Holz könnten schwimmen, weil Holz eben schwimmt. Schiffbauer, die Stahl verwenden wollten, galten als völlig verrückt; Eisen sei schließlich schwerer als Wasser. Um Erfolg zu haben, müssen wir neue Wege gehen. Das kann mit einer gewaltigen Anstrengung und Selbstüberwindung verbunden sein. Genau wie bei einer Rakete, die eben beim Start die meiste Energie benötigt, muss man den „Denk-Karren erstmal aus dem Dreck ziehen."

Wenn wir unser Energieniveau anheben, unsere Sicht- und Denkweise einmal umdrehen, sehen wir mehr vom Ganzen. Die höchste Sichtweise ist die göttliche Sichtweise der Liebe. Die Liebe ist die höchste Energie. Sie ist die Essenz Gottes, *mana aloha*. Mit den Augen der Liebe und mit Gott wird alles möglich. Aber wir müssen uns

---

15 Aufmerksamkeit – das, worauf wir uns konzentrieren.

aktiv dafür entscheiden. Nur denken und den Rest anderen überlassen funktioniert nicht. Man muss etwas tun, sich entscheiden, beginnen, dabei bleiben und dann bekommt man die Unterstützung des Universums.

„Hilf dir selbst, dann hilft dir Gott."

Niemand ist frei von Herausforderungen, und Konflikte scheinen zu entstehen, ohne dass wir es wollen. In den Bambuswäldern entstehen manchmal Feuer dadurch, dass der Bambus aneinanderreibt. Ein leichter Wind weht dort und dann beginnen sich die Bambusrohre hin und her zu wiegen. Reiben zwei trockene Rohre nur lange genug aneinander, entsteht große Hitze auf kleinem Raum und irgenwann brennt es dann richtig. Wo ist die Ursache? War es der rechte oder der linke Bambus, der Wind oder die Sonne?

Genauso entstehen Konflikte, weil wir Spielball unserer Gedanken, Gefühle und Erinnerungen werden. Gedanken können sich im Kreis drehen, den Schlaf rauben und schnell wird aus einer Mücke ein Elefant. Wir reiben uns vielleicht auf.

Es gibt drei grundlegende Arten von Problemen bzw. Leid:

1. Probleme, die in uns selbst entstehen. Das sind mentale und körperliche Leiden.

2. Leid, das aus den psychischen Problemen anderer Menschen resultiert. Das sind alle Arten von Beziehungsproblemen, vom klei-

nen Missverständnis, Streit oder Mobbing bis hin zu Verbrechen, Gewalttaten und Kriegen.

3. Probleme und Tragödien, die sich auf Grund von Naturphänomenen ereignen. Das sind Ernteausfälle, Erdbeben, Überschwemmungen, Vulkanausbrüche und so weiter.

Ich habe immer wieder in meinem Leben festgestellt, dass die Ursachen meiner äußeren Probleme mit inneren Konflikten meines Denkens, meiner Gefühle und meiner Absichten korrespondierten. Vielleicht kennen Sie das auch. Man hat innere Zweifel, kein Vertrauen oder Vorurteile. In einem Lebensabschnitt war ich sehr darauf bedacht das Richtige zu tun. Mit dem Effekt, dass ich häufig das Falsche tat. Meine Furcht vor Fehlern ließen mich viele Fehler machen. So ging ich zögerlich meinen Weg und ließ lieber andere für mich entscheiden. Anstelle zu agieren, reagierte ich aufs Leben. Aber wenn man nur reagiert ist man auch schnell ein Opfer und mein Lieblingsspruch lautete: „Das habe ich euch doch gleich gesagt.“

Die Welt ist voll von Opfern und Menschen, die sich beklagen: Über das Wetter, die Kollegen, den Chef, den Staat, die Nachbarn, ihre Beine, ihren Rücken, ... sogar über den Urlaub wird gejammert. Dadurch wird es aber nicht besser. Im Gegenteil – das Energie-Niveau sinkt, man fühlt sich schlecht und das Leben präsentiert einem noch mehr Dinge über die man sich beklagen darf. „Dein Wunsch sei mir Befehl.“

Als ich begann Verantwortung für meine Wahrnehmung und Empfindungen zu übernehmen, erkannte ich, dass das Problem nicht irgendwo da draußen lag, sondern in mir. Ich musste zwar nicht das
Problem sein, aber offensichtlich war ich mit dem Konflikt in Resonanz. Jeder kann sich entscheiden, ob er verhalten, abwehrend, miss-
mutig, enttäuscht oder energiegeladen, fröhlich und enthusiastisch
reagiert. Niemand schreibt Ihnen vor, was Sie denken sollen oder wie
Sie sich fühlen dürfen. Jeder von uns entscheidet sich frei für sein
Denken und Fühlen, außer wir geben die Macht ab und erlauben
andere uns zu manipulieren. Wir (als Erwachsene) haben die Macht
uns für unsere Gedanken und Gefühle bewusst zu entscheiden. Das
folgt zwar zu Beginn vielleicht bestimmten Gewohnheiten, aber jeder kann das lernen. Ich habe erfahren, dass ich durch die Vergebens-
technik Ho'oponopono Situationen und Menschen ungefiltert durch
meinen Erfahrungen und Erinnerungen, die gar nichts mit ihnen zu
tun haben, erleben kann. Ich reinige zuerst mein Denken von destruktiven, negativen Gedanken, von Vorurteilen und Zweifeln, indem ich
sage: Ich liebe dich. Es tut mir leid. Bitte verzeihe mir. Danke. So
versuche ich jeden Moment neu zu erleben. Ich versuche mir folgende
Fragen zu stellen: Warum beklage ich mich gerade? Warum zögere
ich? Was ist meine Motivation? Handelte ich aus Liebe und Mitgefühl, Neid, Ablehnung oder Angst? Warum sehe ich die Situation
oder den Menschen in diesem oder jenem Licht?

Genauso wie man Glück nur im Inneren erfahren kann, so liegen alle
Ursachen der Konflikte in uns und nicht außerhalb. Als ich begann

meine inneren Blockaden aus dem Weg zu räumen, konnte ich Glück überhaupt erst erfahren. Vorher hatte ich vielleicht gar keine Zeit um glücklich zu sein, da ich der Erfüllung meiner Wünsche hinterherlaufen musste. Und glauben Sie mir, die Wünsche sind uns immer einen Schritt voraus.

Es gab eine Zeit in meinem Leben, da gab ich allem und jedem die Schuld an meiner Unzufriedenheit. Ich hatte ein gut gehendes Geschäft, aber ich fühlte mich leer und einsam. Ich war furchtsam und klagte mich an, in die falsche Richtung zu marschieren. Schlechtes Selbstbewusstsein lässt manchen zum Perfektionisten werden und so ich hatte an allem etwas auszusetzen. Weil ich selbst die Fehler in mir sah, sah ich überall den Mangel um mich herum. Ständig fühlte ich mich benachteiligt und als Opfer nörgelte ich an meiner Partnerin, meinen Mitarbeitern und an meinen Kunden herum. Kurzum, ich hatte, was ich wollte und ich war totzdem unglücklich.

In unserer leistungsorientierten Gesellschaft sind wir trainiert Fehler zu suchen – bei uns und bei anderen. Das nennt man auch Systemoptimierung. Jeder Pädagoge lernt Hausaufgaben zu verbessern und Verhalten zu korrigieren. Doch statt Wertschätzung und Teamwork, lernen wir in einem Wettbewerb der Illusionen zu bestehen und Kritik zu üben. Wir entwickeln Ignoranz und Angst vor dem Neuen und Unbekannten, belächeln Andersgläubige und blockieren unsere Möglichkeiten zu lernen und zu wachsen.

Glücklich zu sein ist ein Gefühl, das nicht von Besitz oder einer ge-
sellschaftlichen Position abhängig ist. Ich habe festgestellt, dass das
Glück bereits da ist. Im Hier und Jetzt und in mir. Ich muss mich nur
dafür entscheiden. Ho'oponopono ist keine Heilungsmethode, sondern eine innere Reinigungstechnik. Man reinigt sich von destruktiven Betrachtungsweisen, Absichten und Beweggründen. Man reinigt
sich von Erinnerungen, die uns veranlassen, schlecht über andere zu
denken.

Manchmal begegne ich Menschen, zum Beispiel im Supermarkt, die
auf die eine oder andere Weise nicht meinen Vorstellungen entspre-
chen oder Erinnerungen der Abneigung hervorrufen. Die sind dann
zu groß, zu klein, zu dick oder zu dünn. Ich muss mich immer wundern, was in den Regalen meiner Gedankenwelt so alles lagert, aber
ich weiß, das geht jedem so. Ich versuche dann mit mir ins Reine zu
kommen, Gott um Verzeihung zu bitten und auch die Leute bitte
ich um Vergebung. Es tut mir leid. Ich liebe euch. Danke. Dann wird
alles sehr einfach und wir kommen ins Gespräch. Jeder hat eine Botschaft. Wir haben alle eine Botschaft füreinander und: Wir sitzen
alle im gleichen Boot. Mit Ho'oponopono verschwinden die Blockaden und der Widerstand gegen Menschen, die man gar nicht kennt.

Ein Denken, dessen Ziel das Wohl aller Lebewesen mit einbezieht
ist tugendhaftes Denken. Dieses Denken und Handeln galt über die
Jahrtausende immer als erstrebenswertestes Ziel und als ein Ausdruck
von Mut, Mitgefühl, Wahrhaftigkeit, Reinheit und Demut. Erst in
den letzten Jahrzehnten umgibt das Wort Tugend der Hauch von

altmodischer, antiquierter Langeweile: Es fehlt der Kitzel des Verbotenen. Das Fernsehen und die aktuellen Videospiele mit ca. 700 Morden und anderen Verbrechen pro Abend vermitteln uns Eindrücke, welche uns in unserem Verhalten färben und intensiv beeinflussen. Kann man glücklich sein, wenn man Feinde von außen bekämpfen muss? Kann man glücklich sein und sich am Leid anderer erfreuen?

Ich hatte einige Jahre jeden Abend vor dem Fernseher verbracht. Es war so einfach: Ich schaltete den Fernseher ein und sah dort Probleme, die alle größer waren als meine eigenen. „Die Weltprobleme kann ich sowieso nicht lösen, also ist es gar nicht so schlimm, wie es mir geht." Und für die tägliche Herausforderung gab es genügend Leinwandhelden, die die Arbeit für mich erledigten.

Circa zehn Jahre und täglich drei Stunden fernsehen sind zusammen mehr als 10.000 Stunden oder 465 Tage komplett vom Leben futsch – tolle Leistung und herzlichen Glückwunsch. Damit habe ich mir bestimmt das karierte Stirnband der Vernunft verdient. Ich verzeihe mir. Es tut mir leid. Ich liebe mich. Danke.

„Bevor die Sonne untergeht, vergib."
Sprichwort aus Hawai'i

Wer wir wirklich sind

Wir, Sie und ich, sind mehr als wir mit unseren Gedanken erfassen können. Wir sind nicht-physische Wesen, die einen Körper haben. Wir sind nicht dieser Körper, sondern wir haben einen Körper. Wir sind nicht die Hand, sondern wir haben Hände, Ohren und so weiter. Wir sind nicht unsere Gedanken, sondern wir haben Gedanken und die sind häufig nicht mal unsere eigenen. Unser Körper und unsere Gedanken, Gefühle und Überzeugungen machen unsere Persönlichkeit aus. Das Wort Person kommt von lat. *personare*, hindurchklingen. Die antiken Schauspieler hielten sich nämlich Masken (grimmige, lachende, traurige usw.) vors Gesicht, und was dann sprachlich hindurchtönte, war zusammen mit der in Holz geformten Mimik die Person.

Unser Körper, unser Charakter und unsere Persönlichkeit verändern sich im Verlauf des Lebens. Man entwickelt sich und die Zellen des Körpers erneuern sich. Der Lebenskern, das Selbst, die Seele (hebr. Odem, sanskr. Atman), verändert sich jedoch nicht. Wir bleiben immer dieselben. Dieser Wesenskern, unsere Identität ist spirituell. Wir sind also nicht materielle Wesen, die eine spirituelle Erfahrung machen! Wir sind spirituelle Wesen, die eine materielle Erfahrung machen. Das ist ein essenzieller Unterschied. Der Ursprung unseres Seins ist Gott und das macht uns göttlich. So liegt es nun an uns, uns auch göttlich zu verhalten und göttlich zu handeln. Vielleicht liegt hierin eine der verborgenen Bedeutungen, wenn Jesus sagte: „An ihrem Früchten werdet ihr sie erkennen."

Zwischen den Dualitäten – Erfahrung durch Polarität

Wir leben in einer Welt der Dualitäten und reisen durch eine Welt, die wir als spirituelle Wesen (mit unbegrenzten Möglichkeiten) nur mit begrenzten materiellen Sinnen und Gedanken erfassen können. Es ist leicht zu verstehen, wie begrenzt unsere Sinne sind. Wir erkennen nur das Spektrum des Lichts. Andere Wellen bleiben uns verborgen. Unsere Augen haben nicht die Vergrößerungsmöglichkeiten von Mikroskopen und um weit in die Ferne zu blicken brauchen wir ebenfalls technische Hilfsmittel. Alle Hilfsmittel unsere begrenzten Sinne zu erweitern, sind nur mit begrenzten Sinnen hergestellt. Zusätzlich wird alles was wir mit unseren Sinnen wahrnehmen vom Gehirn gefiltert und reduziert – und schließlich hat sich unser Unterbewusstsein schon bevor wir handeln entschieden, wohin die Reise gehen soll. Wo ist da der freie Wille?

Wir bewegen uns in einer Welt zwischen heiß und kalt, oben und unten, laut und leise, ja und nein, hin und her. Man kann auch sagen, es geht drunter und drüber. Der Planet Erde ist ein Ort großer Gegensätze (und vielleicht deshalb so beliebt). Mit einer Lebenserwartung unter hundert liegen Geburt und Tod nahe beieinander. Wir finden hier Eis- und Sandwüsten, Paradiese der Südsee und scheinbar endlose Steppen, Wolkenkratzer und Wellblechhütten, Sommer und Winter. Hier kann man was erleben.

Während ich durch die Fußgängerzone laufe, um noch fix ein Weihnachtsgeschenk zu kaufen, sitzt ein Mann ohne Beine auf einer Decke und bittet um eine Spende. Warum gibt es in meiner Welt Menschen, die zur Weihnachtszeit kein Dach über dem Kopf haben? Was ist in mir, dass Menschen in Not missachtet werden? Machen Sie mit. Das ist eine aufschlussreiche Übung.

Der menschliche Geist, das Denken und Fühlen, pendelt zwischen all diesen dualen Erfahrungen hin und her und sucht in allen Richtungen nach Glück und Frieden. Die einen hungern sich für ihre Figur zu Tode und Sumo-Ringer müssen, um in Form zu bleiben, jede Menge in sich hineinstopfen.

Wahrheit und Wirklichkeit

So lange die Gedanken und Gefühle zwischen den Polen hin und herpendeln, kann man zu keiner klaren Sichtweise und Erkenntnis kommen. Man springt sozusagen nur auf etwas an, was eigentlich nur den Sinnen gerade gefällt.

Mein Geschmack hat sich in meinem Leben mehrmals geändert. Vielleicht könnte ich auch sagen, entwickelt. Mit zwanzig hatte ich schöne lange Haare und heute habe ich schöne kurze Haare. Vielleicht hätte ich mich vor dreißig Jahren heute selbst für einen Spießer gehalten. Aber bin ich das? Bin ich das, was ich denke, heute glaube? Oder bin ich mehr als meine Gedanken, mein Geschmack und das, was ich für richtig oder falsch halte?

Einst hörte ich folgende Lehrgeschichte: Das Selbst, der eigentliche Wesenskern eines jeden Lebewesens, gleicht einem wunderschönen Juwel. Dieses Juwel, dieser unbezahlbare Edelstein, liegt am Grunde eines Sees. Ist die Oberfläche dieses Sees ruhig und glatt, so können wir das Juwel aus der Tiefe heraus leuchten sehen. Wenn das Wasser jedoch aufgewühlt ist, sich die Wellen kräuseln, wird es schwierig und wir sehen nur hier und da ein Blitzen. Wenn die Wellen im Leben aber immer höher schlagen, weiß man bald nicht mehr wo der Wesenskern liegt. Dieser See ist das Bild für unser Bewusstsein. Wenn es klar und ruhig ist, können wir das wahre Sein der Dinge sehen. Sind wir jedoch durch unsere Erinnerungen und Gefühle erregt, wird es schwierig. Vielleicht sieht man noch hier und da ein Schimmern der Wahrheit, aber sobald der Sturm des Lebens braust, kann es sogar gefährlich werden.

Unsere Art zu denken wirkt wie eine gefärbte Brille. Alles was ich wahrnehme, wird durch meine Erinnerungen gefiltert. Solange unsere Gedanken durch die Schwingungen der Dualitäten, Gefühle, Erinnerungen und Ereignisse in Erregung sind, können wir unsere wahre spirituelle Identität, die Realität und die Wahrheit nicht erkennen. Wir sehen dann nur das, was auf uns einwirkt. Wir können nur schwerlich erkennen, dass wir die Situationen und Menschen angezogen haben, da wir die Vibration miteinander teilen; frei nach dem Motto: Gleich und Gleich gesellt sich gern.

Urteilen und Verurteilen sind Schwingungen zwischen etwas, was wir mögen und etwas, das wir ablehnen. Im Bewerten der Welt erkennen wir nicht „das was ist", sondern nur das, was uns gefällt oder nicht gefällt. Aber jeder hat schon die Erfahrung gemacht, dass das, was uns nicht gefällt, sich später als Segnung erwiesen hat.

Wenn wir im Äußeren einen Fehler entdecken, uns etwas stört oder ärgert, so bedeutet das, dass wir in den Dualitäten stecken und es eine Schwingung in unserem Bewusstsein gibt, die geheilt werden will. Man bekommt also Probleme um sich selbst weiter zu reinigen und heilen. In der Mitte, zwischen dem Auf und Ab der Dualitäten, zwischen diesen Schwingungen befindet sich die Ruhe. Die größte Ruhe und der größte Frieden ist bei Gott.

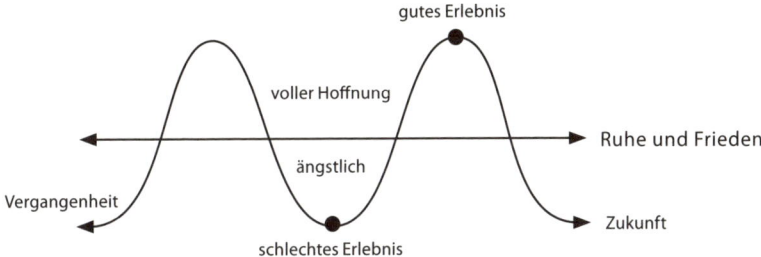

Heilung entsteht, wenn man wieder ganz und vollständig wird – wenn man heil wird. Ganz zu sein bedeutet heil oder heilig. Das spirituelle Denken ist das Denken der Vollständigkeit, das Denken in Gesamtheit und Verbundenheit. Wir selbst können eigentlich gar nicht heilen. Heilen kann nur das Leben selbst, Gott, indem Er oder Es die Störungen und Blockaden transformiert. Unser Anteil dabei ist es, uns bewusst für die Transformation, die Liebe und die Heilung zu entscheiden und jeden Gedanken von Krankheit und Unvollkommenheit abzuziehen. Wir befreien uns, indem wir von der Trennung in die Einheit treten und uns wieder mit dem Leben und dem Göttlichen verbinden. In die Einheit zu treten bedeutet anzunehmen statt abzulehnen. Weil Gott vollkommen ist, ist alles, was von Ihm vervorgebracht wird ebenfalls vollkommen.[16] Was wir tun können, ist zu versuchen zu erkennen, wogegen wir uns wehren.

Einst lebten in einer indischen Stadt zwei Männer, die sich von ihren familiären Pflichten zurückzogen und in den Lebensstand der Entsagung traten, nachdem sie alt geworden waren. Der eine entstammte einer reichen Familie und wurde regelmäßig von seiner Familie besucht, während er am Ufer des Ganges saß und meditierte. Seine Söhne und Töchter brachten ihm zu essen und unterhielten sich lange mit ihm. Der andere vertiefte sich ebenfalls in Meditation und entwickelte großes Wissen. Neidisch auf den anderen, stellte er sich bei jeder Gelegenheit als großer Gelehrter heraus und erklärte, was für ein entsagter Yogi er doch sei. Als sich bei einem religiösen Fest viele Weise trafen, wetterte er wieder über das ungebührliche Verhalten des alten Mönches, der immer noch von seiner Familie versorgt wurde: „Was ist das für eine Entsagung? So ein Heuchler." Der andere hatte inzwischen beschlossen auf eine Pilgereise zu gehen und um nicht allein zu reisen, trat er auf die Gruppe zu und fragte: „Ich reise in den Himalaya. Kommt jemand mit, den Herrn des Universums in Badrinath zu besuchen?" Um sich zur Schau zu stellen, willigte der andere sofort ein und man machte sich ohne zu zögern auf. Nachdem sie ein paar Kilometer gewandert waren, fiel dem Gelehrten ein: „Oh,

---

16 Siehe Isha Upanishad, Anrufung. Ebenso "Wissenschaft und Gesundheit" von Mary Baker Eddy erschienen bei Christian Science

ich habe meinen Wasserkrug vergessen. Lass uns zurückgehen." Der andere bemerkte: „Auch ich habe meinen Wasserkrug zurückgelassen, doch der Herr wird sich um mich kümmern." Damit trennten sich beide des Weges.

Wir sind von unserem Wesenskern her göttlich und ewig. Weil wir uns jedoch dieses materiellen Körpers als einer Art Fahrzeug auf diesem Planeten bedienen, sind wir gewohnt in materiellen Kategorien zu denken. Die materielle Energie wandelt sich, alles fließt, Dinge entstehen und vergehen wieder. Unsere wahre Natur ist es, ewig zu sein. Nur der materielle Körper wird alt und stirbt. Die Seele, das Individuum, stirbt nicht. Durch das materielle Denken haben wir Angst und glauben, es gäbe hier etwas zu verlieren oder zu gewinnen. Wir vergleichen die Dinge, Menschen und Situationen miteinander als besser oder schlechter, angenehm und unangenehm. Wir machen eine UR-TEILUNG dessen was eigentlich nur ist. Aus der Realität machen wir eine Wirklichkeit – wie die Welt eben auf uns wirkt. Aus der Realität, die für alle gleich ist, werden dann unendlich viele Wirklichkeiten.

Das spirituelle Denken gründet auf dem Wissen, was wir sind: spirituelle Wesen, die eine materielle Erfahrung machen. Auf der spirituellen Ebene gibt es kein Gut oder Böse. Es gibt nur das konstruktive Miteinander.

2001 und 2002 hatte ich hintereinander drei Wettbewerbe gewonnen und fühlte mich unglaublich toll – für ein paar Tage jedenfalls. Dann kamen wieder die Zweifel. Treu dem Spruch „was ich selber denk und tu, trau' ich jedem andern zu" konnte ich nur im Äußeren mutmaßen, was ich im Inneren hatte: Ich hielt mich für einen Versager und betrachtete meine Mitmenschen als Verlierer. Heute habe ich aufgehört Erfolgen hinterherzulaufen um mich zu beweisen. Ich sehe jetzt meine persönliche Herausforderung darin kreativ mit anderen zusammenzuarbeiten.

Im spirituellen Bewusstsein kann man die Gleichheit aller Lebewesen als die Teile Gottes erkennen. Wenn man versteht, dass alle gleich sind, kann man beginnen sehr demütig zu werden und anderen zu dienen. Auf der anderen Seite braucht man aber auch keine Angst haben, jemand sei in einer besseren Position und man könne etwas verlieren.

Wir sind Individuen, die alle miteinander verbunden sind. Wir gehören zur selben Energie der Quelle. Wir sind alle eins in Gott. Dieses Einssein heißt nicht, dass wir unsere Identität aufgeben, sondern dass die Einheit durch unsere Individualität gewinnt. Sie und ich, wir alle, sind Individuen. Das gilt auch für Tiere und Pflanzen. Jeder Blumenliebhaber, Hundehalter und Katzenfreund weiß das. Stellen Sie sich jetzt Gott als einen Gärtner vor, der schöne Blumen mag. Alle Lebewesen zusammen sind wie ein schöner Blumenstrauß. Nur Rosen oder Tulpen wären doch zu langweilig. Er (Sie oder Es) kreiert den schönsten Blumenstrauß mit unendlich vielen verschiedenen

Blumen und mit unendlich verschiedenen Farben und Düften. Gott, das Göttliche, die Quelle, hat auf ewig eine Verbindung zu jedem Lebewesen. Dem Vater ist jedes Kind wichtig und er denkt ständig an seine Kinder.

Liebe, Glück und Frieden

Ho'oponopono ist ein Weg, wieder mit sich, den Menschen, Gott und der Natur ins Reine zu kommen. Wenn man diese innere Harmonie erreicht hat, kann man das Göttliche überall sehen. Gehen wir noch einen Schritt weiter. Wenn das Göttliche überall ist, wie soll dann etwas außerhalb von mir unvollkommen sein? Ist es vielleicht meine Wahrnehmung, die die wahre Realität nicht erkennen kann? Ist es, weil ich eine unvollkommene Betrachtungsweise habe? Durch Erinnerungen gefärbt kann ich das göttliche Wirken in allem nicht erkennen?

Doch wie kann so viel Leid und Böses um mich herum göttlich sein? Der Ursprung und die Quelle sind göttlich, aber der Mensch hat den freien Willen, sich zu entscheiden: für oder gegen das Göttliche. Wenn um uns herum Leid und Gewalt sind, dann ist das ein Zeichen, das sich jemand gegen die Liebe und das konstruktive Miteinander zum Wohl aller entschieden hat. Der Kern des Menschen ist immer göttlich, aber sein Handeln kann destruktiv sein.

Vergebung bedeutet Liebe geben und die Liebe führt zurück in die Einheit. Die Liebe ist ein aktives Prinzip und wird erst dadurch sichtbar, dass man sie gibt. Liebe kann man also nicht haben, sondern sie ist das Merkmal von Geben. Wenn man liebt, dann gibt man. Eine Mutter liebt ihr Kind und sie zeigt ihre Liebe, indem sie aktiv etwas tut: Hat es gegessen, richtig geschlafen ...? Liebe ist ein aktives Prinzip, das sich im selbstlosen Dienst am Nächsten und an der Schöpfung offenbart. Man kann Gott nicht lieben, wenn man Seine göttlichen Kinder (Menschen, Tiere und Pflanzen) nicht liebt.

> *„Eure Liebe zu mir zeigt sich darin*
> *wie ihr den Niedrigsten liebt."*
>
> Jesus von Nazareth

Probleme und Konflikte entstehen eigentlich, wenn wir uns selbst und andere nicht lieben[17]. Wenn wir uns selbst nicht bedingungslos lieben, also Fehler in uns sehen, dann sehen wir die Fehler auch in anderen. Wenn wir uns und andere nicht lieben, führt das zu psychischen und sozialen Spannungen. Alles, was man bei anderen ablehnt, sind Persönlichkeitsanteile in uns oder Erinnerungen, die erlöst werden wollen. Der Widerstand, den wir gegen andere spüren ist eine Blockade in uns und nicht im anderen[18]. Das bedeutet nicht, dass wir mit allen zusammenarbeiten müssen. Es bedeutet nur, dass die Harmonie bei mir beginnt.

---

17 Jedes Problem in dieser Welt ist ein Beziehungsproblem, Chuck Spezzano
18 Ich möchte an dieser Stelle Bill Ferguson empfehlen, der zeigt wie man Blockaden im Fluss des Lebens auflöst. http://www.masteryoflife.com/

Mir passiert es, dass genau das, worüber ich mich beklage, etwas ist, woran ich in mir noch arbeiten muss. Ein Freund beklagte sich neulich, dass er einen Bekannten telefonisch nicht erreichen könne: „Die haben immer ihr Handy aus." Interessanter Weise hat er selbst keinen Festnetzanschluss und sein Handy – das liegt im Auto.

Das Glück ist bereits da: im Hier und Jetzt. Wer glaubt, erst dann glücklich zu sein, wenn er etwas erreicht hat, das außerhalb von ihm liegt, wird danach schon bald wieder frustriert das nächste Ziel ansteuern. Wir können unsere Wunschliste noch so lang machen, wie wir wollen: Als spirituelle Wesen, kann uns die Erfüllung materieller Wünsche letztlich nicht befriedigen. Materielle Wünsche sind vergänglich, aber wir sind ewig.

Aus Dunkelheit entsteht kein Licht. Licht und Erkenntnis sind die Abwesenheit von Dunkelheit. Licht und Erkenntnis entstehen, wenn die Sonne aufgeht oder wir den inneren Schalter umlegen – wenn uns ein Licht aufgeht. Die Dunkelheit kann kein Licht schaffen. Frieden entsteht erst dann, wenn wir uns bewusst dafür entscheiden.[19] Glück und Frieden entstehen durch tugendhaftes Handeln. Nur durch Gutes entsteht Gutes. Erst wenn der Mensch sich vom Bösen abwendet, entsteht Gutes. Wenn Sie spüren, dass Sie geliebt werden, ist das ein sehr schönes Gefühl. Sie freuen sich und strahlen dieses Gefühl in Ihre Welt hinaus. Ihre Umwelt reagiert auf diese Schwingungen. Die

---

19 Für Jesus wäre es leicht gewesen vor seiner Gefangennahme zu flüchten und vielleicht hätte Gott sogar noch ein paar Blitze geschickt, wenn Jesus Ihn darum gebeten hätte. Aber er betete einfach: Herr vergib ihnen, denn Sie wissen nicht, was sie tun.

Stimmung steigt und mehr Gutes kann entstehen. Sie freuen sich noch mehr und Sie gewinnen an Kraft. Sie werden energetischer und geben noch mehr. So sind Liebe und Vergebung Schöpfungskräfte. Verurteilung und Bestrafung sind Zerstörungskräfte.

Jeder Mensch besitzt einen eigenen oder kulturell bedingten Verhaltenscodex. Das kann auch eine Art Gerichtshof im Kopf sein. Dieses Gericht beurteilt dann, wie wir uns selber, wie sich unsere Umwelt, unsere Kollegen, Mitarbeiter, „die anderen" verhalten müssen, damit es uns gut geht.

Wer besonders viele Regeln entwickelt hat, um glücklich zu sein, ist vermutlich die meiste Zeit unglücklich, da die Wahrscheinlich groß ist, dass jemand seine Regeln übertritt.

Meine Mutter erzählte mir, wie ich mich als Dreijähriger in einem Geschäft auf den Boden geworfen hatte, um meinem Willen nach Süßem den richtigen Ausdruck zu verleihen. Eine kleine Showeinlage vor der Kasse und Herausforderung an die Nerven meiner Eltern. Also wurden Regeln aufgestellt und ich selbst wurde ein Meister in Regeln (aber das haben Deutsche vielleicht so im Blut). Für meine Partnerinnen war das jedenfalls immer ziemlich anstrengend und wenn sie sich dann von mir trennten, waren sie in meinen Augen natürlich die Bösen. Schließlich ging mir dann ein Licht auf: „Ah, es ist am besten, wenn nur ich mich an meine Regeln halten muss." Ich hörte auf zu erwarten, dass sich andere an die Regeln, die ich für mich aufgestellt habe, richten mussten und plötzlich wurde alles viel einfacher und entspannter.

Je weniger Regeln Sie haben, damit es Ihnen gut geht, um so besser ist es für Sie. Je weniger Sie von anderen Menschen oder Umständen abhängig sind, Ihnen ein gutes Gefühl zu bereiten, umso besser wird es Ihnen gehen. Wirklich gut fühlen wir uns nur, wenn wir das Richtige tun. Es ist der konsequente Versuch und das Bestreben das Richtige zu tun, sich selbstkritisch zu hinterfragen, zu reinigen und einhundert Prozent Verantwortung für sich zu übernehmen.

Gewaltverbrechen und andere furchtbare Dinge

Im ersten Zeitalter, in der Zeit der Reinheit,
lebten die Dämonen auf anderen Planeten.
Im zweiten Zeitalter lebten sie fern auf der Erde.
Im dritten Zeitalter teilten wir unsere Städte und Dörfer
mit ihnen, und heute, im Zeitalter des Streites,
sind wir schon wie sie geworden.

Bhagavata Purana

Wie kommt es, dass Menschen andere Menschen quälen? Wie kommt es, dass andere Menschen jemanden töten, verfolgen und vernichten, vergewaltigen, versklaven, überfallen, ausrauben? Wie kommt es, dass Menschen in andere Länder ziehen, die Naturbevölkerung betrügen, ihnen das Land wegnehmen und ihren Boden vergiften? Wie kommt es, dass Menschen, die Kinder und Enkel haben, die Erde ausbeuten, die Meere, die Luft und das Wasser vergiften?

In der Bhagavad-gita, dem Gesang Gottes und ersten therapeutischen Gespräch der Weltgeschichte, gibt Krischna dem großen Bogenschützen Arjuna auf diese Frage folgende Antwort: „Mein lieber Freund, es sind die Begierden, die unersättlichen Wünsche, der alles verschlingende Feind des Menschen, dass der Mensch wie wider Willen handelt."[20]

---

20 Bhagavad-gita, 3. Kapitel, 37. Vers

Die Bhagavad-gita gilt neben der Bibel und dem Koran als die bedeutendste spirituelle Schrift. Sie beschreibt achtzehn Yoga-Pfade. Das Wort Yoga bedeutet Verbindung. Ziel des Yoga ist es, das Individuum wieder mit seinem höheren Selbst zu verbinden. Das kann auf verschiedene Art und Weise geschehen, z. B. durch den Intellekt (Raja-Yoga), durch selbstloses soziales Engagement (Karma-Yoga), Übungen, die das Physische überwinden sollen (Hatha- bzw. Astanga-Yoga) und viele mehr.

Das Ziel der Yoga-Wege ist Liebe und Hingabe zu erlangen. Auf diesem Weg zum Ziel gilt es sechs Feinde zu überwinden: die unersättlichen Wünsche, den Zorn, die Gier, die Irregeführtheit (Illusion), den Stolz und den Neid. Diese Feinde hindern den Menschen daran, sich mit seinem höheren Selbst und mit Gott zu verbinden. Ohne diese Verbindung mit dem Göttlichen irrt der Mensch umher und sucht in allen Winkeln der Welt nach der Erfüllung seiner Wünsche, ohne jemals wirklich gesättigt zu sein.

Wenn Gewaltverbrechen geschehen sind, ist es schwer zu vergeben und zu verzeihen. Es ist fast unmöglich zu vergessen, und viel therapeutische Arbeit ist nötig, um die seelischen Wunden zu heilen. Selbst nachfolgende Generationen leben dann unter einem dunklen Stern der Verbrechen ihrer Väter. Die Weltgeschichte ist voll von Beispielen. Vergebung muss sich deshalb auch auf die Verbrechen unserer Ahnen beziehen. Die Energie des Leides wirkt durch Raum und Zeit und manifestiert sich in Schulbüchern, Diskussionen um Wiedergutmachung viele Generationen später und in sozialen Spannungen. Die

Gewaltverbrechen der Vergangenheit sind präsent in ökologischen Katastrophen, in Schuldgefühlen, die in der Familiengeschichte an die Kinder weitergegeben wurden und im Zellgedächtnis bzw. in den Genen.

„Bitte verzeihe mir" bedeutet deshalb, bitte verzeihe alles Leid, das ich und meine Ahnen dir und deiner Familie bewusst oder unbewusst angetan haben. Es tut mir leid und ich bitte um Befreiung von der Fessel der Vergangenheit.

Ich weiß nicht mehr wann und wer mir diese Geschichte erzählte, doch eine Reporterin wollte den Dalai Lama interviewen. Sie musste etwas warten und während sie draußen auf einer Bank saß, beobachtete sie einen Mann, der seinen Hund schlug. Sie war entsetzt gerade jetzt so etwas zu erleben. Der Hund wedelte noch mit dem Schwanz – der Mann, ungehalten oder betrunken, versetzte dem Tier erst ein paar Hiebe, dann einen kräftigen Tritt. Der Hund winselte laut. Sie selbst konnte sich nicht bewegen. Sprach- und bewegungslos verfolgte sie die makabre Szene. Wie in einem Traum wartete sie auf ein Gespräch mit einem geistigen Führer, um über Frieden und Mitgefühl zu sprechen. Als sie später den Dalai Lama traf, sprach sie das Geschehen an. Seine Antwort lautete etwa so: Ja, wir müssen Mitgefühl mit dem Hund haben, der so einen Herrn hat und dort viel Leid erdulden muss. Doch wie viel Mitleid müssen wir für den Mann haben, der nicht Herr seiner Sinne ist und seinen treuen Freund misshandelt. Wie viel geistige Schmerzen muss dieser Mann in sich tragen, dass er so etwas tut.

Ein Gewaltverbrechen zum Beispiel kann man nicht einfach vergeben und damit vom Tisch fegen. Jede Handlung hat ihre Wirkungen in Raum und Zeit. Sie ist das Resultat der Vergangenheit und wirkt in die Zukunft. Aber man kann versuchen für den Täter Mitgefühl zu entwickeln. Das heißt nicht, dass es keine Wiedergutmachung für den materiellen und geistigen Schaden gibt. Nein, aber gleichzeitig ist es gut, sich selbst vom energetischen Band der Erinnerungen zu trennen. Lebt man „in der Vergangenheit" kann man keine freien Entscheidungen im Hier und Jetzt treffen.

Mitgefühl bedeutet nicht etwas verstehen müssen oder Verständnis haben. Es bedeutet, betroffen zu sein, dass jemand unter Umständen so viel geistiges Leid erfährt und so begrenzt ist, dass er etwas Grausames tut. Es bedeutet Mitgefühl zu haben, dass jemand nicht Herr seiner selbst ist und Dinge tut, die er in einem klaren Moment nicht tun würde. Mitgefühl bedeutet zu wissen, dass jeder an die Gesetze des Universums gebunden ist und für Verstöße gegen die göttlichen Gebote zur Rechenschaft gezogen wird.

Erfolg und Vergebung

Ich glaube, jeder Mensch sucht nach Erfolg. Wenn Sie die Bedürfnispyramide von Abraham Maslow kennen, darf ich Ihnen sagen, ich suche auf allen Ebenen nach Erfolg: Ich möchte alle meine physischen und psychischen Bedürfnisse erfüllt wissen, eine Tätigkeit haben, die mich morgens aus dem Bett treibt, ich möchte Menschen etwas geben, von dem sie einen echten Nutzen haben und ich suche nach spirituellem Reichtum. Ohne mich und anderen zu schaden, in Glück, Harmonie, Gesundheit, Wohlstand und Frieden zu leben, ist für mich Erfolg. Möchten Sie das auch?

Um erfolgreich zu sein, muss man zunächst wissen was man will. Und wenn man nicht weiß, was man sucht, wird man vielleicht an den Geschenken des Lebens vorbeilaufen. Als nächstes muss man wissen wie man diese Dinge erreicht. Wenn ich z. B. Mais ernten will, dann muss ich den Boden vorbereiten, im Frühjahr säen, gießen und Unkraut jäten. Wenn ich die Körner jedoch einen ganzen November lang auf die Straße schmeiße, werde ich nichts ernten außer nass zu werden und vielleicht im Krankenhaus zu landen, weil ich in meiner Begeisterung angefahren wurde.

Jetzt war es mir allerdings passiert, dass ich zwar wusste, was ich wollte und ich kannte auch die Methoden es zu erreichen, aber nichts passierte – keine Ergebnisse und das war ziemlich deprimierend. Genau an diesem Punkt begann meine Selbstheilung. Ich erkannte meine inneren Blockaden, Denkmuster, einschränkende Glaubenssätze und Paradigmen, die mich einfach hinderten. Im Bewusstsein konnte ich die Dinge verstehen, aber mein Unterbewusstsein, die treibende Kraft im Leben, war falsch programmiert. Ich hielt an den Eindrücken der Vergangenheit fest und glaubte, was einmal geschehen sei, würde immer wieder so passieren. So hatte mein Unterbewusstsein, um mich zu schützen, Sabotageprogramme und Vermeidungsstrategien installiert. Ich bin überzeugt, das Leben wollte mich viele Male beschenken, aber ich war unfähig die Hände zu öffnen.

In unserem Leben können sich bisweilen Vorgänge ereignen, die eine schwer zu heilende Wunde hinterlassen. Das können Ereignisse in der Kindheit sein, die unsere Sicht von der Welt und unsere weiteren Verhaltensweisen entscheidend mitprägen. Denkmuster und Gefühle wirken dann auf unser Leben ein wie der Kratzer auf einer Schallplatte. Die Platte hängt und es geht nicht weiter.

Das Leben kann sich nicht entfalten, wenn wir im Denken und den Gefühlen an Ereignisse der Vergangenheit gefangen sind. Immer wieder auf die Vergangenheit zu blicken ist genauso als fahre man einen Berg hinab und schaue dabei ständig in den Rückspiegel. So erging es jedenfalls mir. Ich brauste durchs Leben und während ich unterbewusst zurück auf die Ereignisse meiner Jugend blickte, knallte ich gegen jeden Baum der mir im Weg stand.

Meine Selbstheilung setze ein als ich mich dafür entschied, mich zu lieben und mir und allen zu verzeihen, die irgendetwas in meiner Kindheit und Jugend verbockt hatten. Durch diese Vergebung zerschnitt ich das Seil, das mich an die Vergangenheit fesselte und nicht vorwärts kommen ließ.

Die Energie folgt der Aufmerksamkeit – *Makia*

Weil wir noch in einer alten Art und Weise denken, konnten wir die globalen Probleme bisher nicht lösen. Wir haben unser Denken noch nicht auf ein höheres Energieniveau angehoben. Viele können sich noch nicht vorstellen, wie man zum Beispiel die Arbeitslosigkeit anders bekämpfen soll, als einfach mehr Arbeitsplätze zu schaffen. Doch das Wort „Kampf" - Kampf gegen Arbeitslosigkeit, Drogen, Terrorismus und gegen die Natur - ist eine so niedere Schwingung, dass es als Schöpfungskraft nur weitere niedere und destruktive Schwingungen anziehen und erzeugen kann. Das neue Denken führt zu sinnvoller Beschäftigung, mehr Klarheit und freudvollem Miteinander. Das neue Denken findet Lösungen, die bisher nicht denkbar waren. Es ist das Denken der Einheit und Liebe. Vielleicht ist das neue Denken das Erkennen, dass Gott existiert, dass Wissenschaft und Religionen sich ergänzen können und dass wir uns vom Bösen in uns selbst abwenden.

Vergebung ist ein Geschenk, das man sich selber macht

Genauso wie verschiedene Substanzen, zum Beispiel Schwermetalle, den grobstofflichen Körper vergiften, so vergiften Gefühle wie Neid, Gier, Zorn und Hass den feinstofflichen Körper, sprich unseren Verstand, das Bewusstsein, die Gedanken, die Fähigkeit, klar zu denken und damit die Fähigkeit, richtig handeln zu können.

Stellen Sie sich vor, Sie finden für ein Problem keine Lösung und finden sich frustriert in einem Labyrinth destruktiver Gefühle wieder. Vielleicht geht es um ein finanzielles Problem (jemand schuldet Ihnen Geld) oder eine Krankheit, die immer wiederkehrt. Sie laufen also in einem Irrgarten herum und suchen den Ausgang und einen Ausweg. Vielleicht haben Sie einen Partner, der sich einfach nicht ändern will oder Ihre Kinder stecken in der Pubertät („gleich kracht's") – wie es auch sei, wenn Sie den Kopf verlieren, sauer werden und schreien, wird das den Irrgarten jedenfalls wenig beeindrucken. Die Wege und Hecken bleiben dieselben. Auch wenn Sie sich aufregen – die Welt bleibt dieselbe. Das einzige, was passiert, ist, Sie verlieren an Kraft und Klarsicht. Es kann sogar passieren, dass Sie sich in Ihrer Wut nur noch mehr verlaufen und völlig die Orientierung verlieren; das nennt man dann Blindekuh im Labyrinth.

Giftige Gedanken wie Vergeltung, Eifersucht, Verachtung, Bitterkeit und Verweigerung führen zu Muskelverspannungen, Übersäuerung, Herz-, Nervenproblemen, vorzeitiger Alterung und so weiter. Wenn wir vergeben, befreien wir uns in erster Linie selbst. Vergebung ist eine mentale Detoxikation, also eine Entgiftung, eine Kur für Ihren Körper, Ihren Geist und Ihre Seele. Durch Vergebung wird eine Last von Ihren Schultern genommen, die Sie sowieso nicht tragen können und gar nicht tragen wollen (man kann es nicht mehr ertragen).

Wenn Sie also in Zukunft ärgerlich, ängstlich, traurig, beleidigt, verächtlich, enttäuscht oder nur noch voller Sarkasmus reagieren, halten Sie jetzt ein mächtiges Werkzeug zur Transformation in den Händen. Geben Sie sich nicht mehr mit weniger zufrieden. Lassen Sie los. Das Leben ist viel zu kurz, um sich über andere, das Wetter oder den Urlaub zu ärgern. Sie spielen die Hauptrolle in Ihrem Leben. Sie sind Ihr Drehbuchautor und Sie sind der Regisseur. Schreiben Sie (im wahrsten Sinne des Wortes) eine neue Rolle für sich. Hier ein Tipp, der mir schon so oft geholfen hat: Betrachten Sie Ihr Leben einmal, als würden Sie einen Film mit einem Menschen wie sich selbst in der

Hauptrolle sehen. Wie würde dieser Film enden und wie soll dieser Film enden? Was ist zu tun? Sagen Sie sich dann: Ich kann mich ändern und damit kann ich etwas ändern. Sagen Sie: Wenn ich mich selbst ändere, ändere ich die Welt.

Einhundert Prozent Verantwortung

Ho'oponopono ist praktisch, Vergeben ist praktisch und Liebe ist praktisch. Es sind aktive Prinzipien. Ho'oponopono lebt davon, dass man es tut. Ho'oponopono bedeutet für alles Verantwortung zu übernehmen, was in unseren Erfahrungsbereich tritt. Jedes Problem ist also nicht mehr irgendwo da draußen und etwas von mir Getrenntes (weit weg in einem fernen Land oder in einer Etage zu der ich keinen Zutritt habe), sondern ein Aspekt in mir. Für alle Konflikte, die in unseren Ereignishorizont treten, sind wir zu hundert Prozent verantwortlich. Das Problem liegt bei uns, weil wir etwas damit zu tun haben. Umweltverschmutzung, Abholzung des Regenwaldes, Mensch- und Tiermord existieren nicht, weil einige Regierungen oder Unternehmen in der einen oder anderen Art und Weise handeln, sondern weil jeder von uns Dinge benutzt und kauft, die dieses Handeln rechtfertigen.

Stellen Sie sich vor (oder besser nicht), in der Nähe gäbe es einen Chemieunfall oder Ihr Arbeitsplatz würde wegrationalisiert. Normalerweise denkt man, die Industrie, der Zulieferer, die Wirtschaft, das

Management, die Regierung usw. seien schuld. Er oder sie soll und muss sich ändern. Wenn er oder sie schuld ist, dann sind Sie ein Opfer. Er oder es soll sich ändern bedeutet, Sie geben alle Verantwortung und damit alle Macht ab. Sie haben keine Verantwortung und keine Macht. Der andere soll sich ändern. Er trägt die Verantwortung und ich übertrage alle Macht die Situation zu ändern auf ihn. Wenn ich null Macht und Verantwortung besitze, hat der andere einhundert Prozent Verantwortung und Macht.

Das sind die zwei Seiten einer Münze, des dualen Universums, doch nicht die Realität. Die Realität ist immer das vollständige Ganze. Die Realität ist, Sie verfügen über einhundert Prozent Verantwortung und einhundert Prozent Macht und Ihr Problem-Partner hat ebenfalls einhundert Prozent Verantwortung und Macht. Zwei sind am Problem beteiligt und jeder besitzt einhundert Prozent Macht und Verantwortung. Wenn ich mich als Opfer meiner Kunden (oder Chefs) sehe, die immer mehr Leistung verlangen und immer weniger bezahlen wollen, habe ich keine Macht. Aus einem Opfergefühl heraus besitze ich auch keine Verantwortung, weil ich ja möchte, dass sich die anderen ändern. Als Opfer mag man sich beklagen und Verbündete suchen, aber effektiv ändern kann man nichts. Damit es also besser wird, muss sich etwas ändern und das bin ich. Wir müssen uns ändern und wir können uns ändern. Erst wenn wir eine Entscheidung treffen, uns nicht mehr unwürdig und machtlos zu fühlen, kommt der Wandel – und der Wandel entsteht im Herzen.

Am 2. März 1955 weigerte sich die damals sechzehnjährige Schülerin Claudette Colvin[21] im Bus Platz für einen Weißen zu machen. Die im Folgenden organisierten Proteste der Bürgerrechtsbewegung mit Rosa Parks unter der Führung von Dr. Martin Luther King läuteten das Ende der Rassentrennung in den USA ein. Claudette Colvin löste ihren persönlichen Konflikt, sich minderwertig zu fühlen und veränderte die Welt.

Weder als Opfer noch als Täter kann man langfristig Erfolg haben – nur Aufmerksamkeit. Sieger und Opfer zu sein sind gegensätzliche Haltungen, die sich ausschließen. Wenn wir uns für ein Opfer der Umstände halten, dann hindert uns unser Unterbewusstsein daran, erfolgreich zu sein. Ziel von Ho'oponopono ist nicht „mein Wille geschehe", sondern eine Erkenntnis, dass jedes Problem, jedes Ereignis und jede Begegnung eine Botschaft für uns bereithält. Das Problem zeigt mir, wo ich stehe und woran ich arbeiten muss. Wie Sie die Antwort bekommen, erzähle ich Ihnen hier: Machen Sie sich zunächst bewusst, dass Sie auf Ihr Herz und nicht auf Ihren Verstand hören wollen. Stellen Sie dann eine offene Frage. Zum Beispiel: „Wenn es etwas gäbe, was mir diese Situation oder das Problem sagen möchte, was wäre das?" Die erste Antwort, die Sie dann im Herzen hören, ist die Botschaft an Sie.

---

21 Claudette Colvin, geboren am 5. September 1939 in Alabama. Mehr zu diesem Thema, über Claudette Colvin und Rosa Parks finden Sie im Internet. Z. B. http://en.wikipedia.org/wiki/Claudette_Colvin

Beten oder handeln?

Gott hat uns Menschen zu Gärtnern im Garten der Erde und im Garten unseres Lebens ernannt. In einem Garten gibt es viele Aufgaben, zum Beispiel den Abfall kompostieren und sich um die Gesundheit der Tiere und Pflanzen kümmern. Zurzeit könnte man glauben, wir Menschen machen es genau umgekehrt: Mit großer Begeisterung bringen wir den Müll in den Garten, vergiften die Meere und bringen Tiere und Pflanzen um. Wir haben unsere Bestimmung als liebevolle Gärtner vergessen und verleugnet, weil wir Gott vergessen haben, doch sobald wir Liebe senden und erkennen, wird die Verbindung zu unserem höheren Selbst reaktiviert und Heilung möglich.

Zu Beginn der Ölkatastrophe im Golf von Mexiko 2010 hatten Andrea und ich eine Einladung zu einem gemeinsamen Gebet und wir glaubten, das getan zu haben, was für uns gerade möglich sei.

Am selben Abend besuchten wir ein Konzert in einem Tempel, auf dem im Anschluss der junge Musiker von seiner Mission sprach. Dieser junge Mann berichtete auch von einer Umweltkatastrophe. Einer der heiligsten Orte Indiens, die Wälder von Brindavan (in der Nähe von Neu Delhi) werden abgeholzt, die Berge für Erze gesprengt und der heilige Fluss, die Yamuna, ist so verseucht, dass kein Tier oder Mensch mehr das Wasser trinken könne. Es sei dort nicht einmal mehr möglich zu baden, da so viele Fabriken ihre Abwässer in den Fluss leiten.

Obwohl seine Heimat gerade von der Industrie und der Mafia bedroht und zerstört wird, fühlte sich dieser Mann, so versicherte er glaubhaft, nicht als Opfer, sondern er und viele weitere weise Männer und Frauen des Landes suchten nach Lösungen. Vielmehr betrachteten diese Menschen das Problem als Möglichkeit Gott zu dienen, indem sie sich persönlich um die Flüsse, Berge, Pflanzen und Tiere kümmerten.

Die Einwohner von Brindavan und Umgebung (Tausende von Menschen) haben daraufhin eine mehrtägige Prozession veranstaltet, bei der die verschiedenen Namen Gottes gesungen wurden. Dann hatten sich die Weisen und spirituellen Lehrer der Gegend entschieden bis zum Tode ohne Wasser (das geht schneller als nur ohne Nahrung) zu fasten, falls die Regierung den Bergabbau nicht stoppe. Nach drei Tagen wurden die Arbeiten eingestellt und Aufforstungen zugesichert. Der junge Mann, der zwischen den Musikstücken seine Ansprachen hielt und von den Ereignissen seiner Heimat erzählte, hatte nun von seinem Lehrer den Auftrag bekommen, auf der ganzen Welt weitere Möglichkeiten zu finden, den heiligen Fluss Yamuna zu reinigen. Was zunächst unmöglich erschien, da die bekannten Geräte und Verfahren für indische Verhältnisse mit Kosten um 300.000 Euro viel zu teuer waren, erwies sich später als Segnung, um mehr Menschen an der Rettung von Mensch, Tier und Natur zu beteiligen. In Jaipur traf er einen Ingenieur, der sich bereit erklärte über das Projekt nachzusinnen. Nach einem Jahr hatte dieser Maschinenbauer eine ganz neue Idee. Die Realisierung des Gerätes kostete nur 340 Euro und wird von der natürlichen Flussströmung angetrieben. Zu diesem Preis fanden sich Sponsoren und so schreitet die Flussreinigung voran. In ähnlicher Weise öffneten sich neue Wege für Projekte, um Kindern (die Ärmsten der Armen) eine Mahlzeit und Schulausbildung zu ermöglichen, medizinische Hilfe zu leisten, Bäume zu pflanzen, und vieles mehr.

Die Einwohner von Brindavan beteten nicht, dass Gott die Fabrik stilllege, sondern um Kraft, Mut, Entschlossenheit, Intelligenz, Respekt, Kreativität und Frieden. An diesem Abend verstanden wir, wie materiell reich wir sind und wie bequem wir waren. Wir machten ein Ho'oponopono und erkannten unsere Anteile an der Armut und Umweltverschmutzung – nicht nur in der dritten Welt.

Unser Selbstbild

Das, was wir tief in unserem Inneren glauben, jenes Bild, das wir von uns haben, bestimmt unser Handeln und unser Schicksal. Wir können positiv denken und überall in der Wohnung Affirmationen ankleben, doch wenn wir tief im Herzen glauben und fühlen, wir seien Versager, dann werden wir versagen. Das ist ein universelles Gesetz: Wir sind das, was wir tief in unserem Herzen glauben.

Glaube ist weit mehr als Wissen. Es ist eine Gewissheit. Es ist die Gesamtheit all unserer Erfahrungen. Es ist die Kraft, welche entsteht wenn der Geist, das Unterbewusstsein sich mit dem Bewusstsein verbindet. Es ist jene Kraft, die entsteht, wenn Körper, Geist und Seele kongruent sind. Glaube kann im wahrsten Sinne des Wortes Berge versetzen. Denken Sie nur an den Placebo-Effekt. Menschen werden durch ihren Glauben von verschiedensten Krankheiten geheilt, indem sie eine kleine Zuckerpille nehmen. Sie wissen, dass jetzt die Heilung kommt. Ich habe gehört, dass blaue Placebo-Pillen wirksamer seien als weiße und am wirkungsvollsten sollen die Zweifarbigen sein. Jesus und Bruno Gröning betonten, dass sie gar nicht heilten, sondern betonten: *„Dein Glaube hat dich geheilt."*

Unser Selbstbild ist die Gesamtheit und das Produkt all unserer Erinnerungen, unserer Glaubenssätze, Taten und Gewohnheiten. Es resultiert aus dem, was wir von unseren Eltern, Lehrern, Mitschülern, Kollegen und Medien gehört und dann als Wahrheit übernommen haben. Dieser Satz (die Kernaussage all dieser Formulierungen lautet meistens: ich bin nicht gut genug) wurde zu einem inneren Dialog und zu einer Art Selbsthypnose.

Erinnerungen prägen sich in unser Bewusstsein und wirken wie Markierungen auf einer Landkarte. Wir wandern durch unser Leben und kommen an verschiedenen Wegweisern vorbei, auf denen vielleicht steht: Das hast du getan. So blicken Menschen vielleicht voller Scham auf Ereignisse der Vergangenheit. Obwohl sie heute nicht mehr so handeln würden und gewachsen sind, halten sie sich statt für Gewinner für Verlierer.

Wie lernen Kinder das Laufen? Sie versuchen aufzustehen, wackeln hin und her, halten sich fest und fallen hin. Sie stehen auf und fallen hin. Kinder lernen laufen, indem sie sich auf das Laufen konzentrieren, aber nicht auf ihr Hinfallen. Als Erwachsene achten wir mehr auf unsere Fehler. Nachdem wir im Leben auf die Nase gefallen sind, blicken wir häufig zurück auf unsere Missgeschicke und sind mit uns unzufrieden. Unser Selbstbild wird zu jemandem, der etwas nicht kann, immer Ärger oder Schulden hat und dem immer dasgleiche passiert. Warum wohl?

Ich möchte Sie einladen, in Zukunft auf das zu schauen, was Sie gut gemacht haben und anders machen wollen. Vergeben Sie sich Ihr Hinfallen. Lieben sie sich. Lieben Sie Ihr inneres Kind und danken Sie. Das Universum liebt dankbare Menschen. Vergeben Sie sich, so wie das Leben Ihnen vergibt und Ihre Wunden heilt, nachdem Sie sich in den Finger geschnitten haben.

Welche Schilder haben Sie in Ihrem Leben aufgestellt, die Ihnen vielleicht den Weg verstellen? Machen Sie es Ihren Eltern, Kollegen und Menschen nur recht, indem Sie ein Selbstbild von sich erschaffen, das den Ansprüchen von anderen genügt oder bestrafen Sie sich noch immer für etwas was Sie heute längst besser wissen? Sie sind wertvoll! Machen Sie ein Ho'oponopono und befreien Sie sich von Ihren Erinnerungen.

Wie absurd diese Vorstellung auch sein mag, wir handeln stets entsprechend dem Bild und der Vorstellung, die wir von uns haben. Aus diesem Bild erwächst dann der Respekt, den wir uns gegenüber haben: unser Selbstrespekt und unsere Eigenliebe. Schätzen wir uns, weil wir wachsen oder betrachten wir uns mit Misstrauen? Allein, was Sie über sich denken ist wichtig.

„Oh, wie grausam doch der Mensch – sich selbst der ärgste Feind!"
William Shakespeare

Mit den Gnadensätzen des Ho'oponopono „Bitte verzeihe mir. Es tut mir leid. Ich liebe dich. Danke." lösen Sie sich vom energetischen Band Ihrer Selbstbestrafung für ihre angebliche Unfähigkeit und erlangen Ihre Selbstachtung wieder. Indem Sie sich und allen anderen, die damit zu tun haben, konsequent vergeben und sich für die Liebe entscheiden, öffnen Sie sich für neue Möglichkeiten. Wenn Sie sich selbst achten, können Sie auch alle anderen achten. Alle anderen zu achten und für sich selbst keinen Respekt zu erwarten ist Vollkommenheit.

Lautete Ihr Selbstbild bisher „Ich kann das nicht", heißt es jetzt: „In der Vergangenheit konnte ich das nicht. Ich begegne nun neuen Möglichkeiten und das Wunder ist bereits unterwegs zur mir. Danke."

Sie sind der Mensch, mit dem Sie bis an Ihr Lebensende zusammen sein müssen. Ich bitte Sie sich zu vergeben und zu lieben. Vielleicht können Sie das nicht auf Anhieb, aber Übung macht den Meister. Tun Sie erstmal so als ob. Kleine Schritte reichen am Anfang. Sehen Sie, wir überschätzen häufig, was wir an einem Tag erreichen können, aber wir unterschätzen völlig, was wir in einem Jahr vollbringen können. Deshalb bleiben Sie bitte am Ball. Die Welt wird sich ändern, wenn wir aufhören, die Samen des geistigen Unkrauts zu bewässern. Geistiges Unkraut ist es, zu jammern, sich zu beklagen, zu lästern und zu urteilen. Lassen Sie uns Gärtner im Garten unseres Lebens sein und uns um die schönen Blumen kümmern.

Eine Übung: Machen Sie eine Liste von allem, wofür Sie sich nicht mögen und was Sie glauben falsch gemacht zu haben. Immer, wenn Sie etwas gefunden haben sagen Sie: „Ich liebe dich. Bitte verzeihe mir. Es tut mir leid. Danke." Arbeiten Sie an dieser Liste eine ganze Woche lang. Wenn Sie wirklich nichts mehr finden, machen Sie eine Liste all Ihrer Glaubenssätze und machen Sie ebenfalls zu jedem Punkt ein Ho'oponopono. Sie werden eine große Kraft in sich spüren.

Das ganze Geheimnis liegt in der Vergebung. Wenn wir mit uns unzufrieden sind, liegt es daran, dass wir uns mit anderen vergleichen. Zuerst mag man das theoretisch verstehen, aber durch Übung und mit der Zeit wird es eine erfahrbare Realität. Dann kommt der Quantensprung. Aus dem Wissen wird Weisheit – Weisheit bedeutet zu handeln. Der erste Schritt lautet sich selbst und allen Menschen zu vergeben und nicht mehr zu vergleichen. Der zweite Schritt lautet anders zu handeln als bisher. Wenn wir verstehen, was wir sind, nämlich göttlicher Herkunft, können wir nur gut über uns und andere denken.

Im Uns-selbst-verzeihen liegt eine große Kraft

Genauso wie Gott selbst keine Ursache hat, so hat auch das Verzeihen aus dem Herzen keine Ursache. Es ist grundlos und deshalb ist es göttlich. Wenn Sie sich selbst verzeihen, verbinden Sie sich mit der göttlichen Kraft in Ihnen. Sie werden eins in Gott und Wunder können geschehen. Wunder haben keine materielle Ursache. Das ist die Gnade und sie geschehen einfach.

Wenn wir uns an Gott wenden, haben wir sozusagen „gute Karten im Spiel des Lebens". Das Leben ist ein Spiel. Man kann es nicht gewinnen, denn das letzte Hemd hat keine Taschen. Man kann es nur spielen – und man spielt um zu gewinnen. Das ist kein Widerspruch, sondern die Natur eines Spieles. Niemand spielt um zu verlieren, sondern man gibt sein Bestes. Das Ziel ist die Freude und unsere Fähigkeiten sind unsere Karten und unser Bonus. Ihre Talente sind Ihr Einsatz. Ihre Talente sind Ihr Spielgeld, das zu Beginn des Lebens an Sie verteilt wurde.

Wenn wir uns im Herzen mit unserem höheren Selbst verbinden, erhalten wir Antworten, die jenseits unseres Denkvermögens, unseres Verstandes und jenseits unseres Instinktes liegen. Wir können dann gar nicht anders als immer zur rechten Zeit am rechten Ort zu sein. Wir haben dann sozusagen ein eingebautes Navigationssystem. Egal was uns passiert, alles ist gut und alles richtig, selbst wenn wir wie beim Mensch-ärgere-dich-nicht einmal rausfliegen.

Wie beschützt wir sind, wenn wir wissen, wo unser Herz ist, zeigt diese alte Lehrgeschichte:

Der Affe Chiki lebte am Fluss in einem Obstbaum. Dieser Baum trug immer die saftigsten, süßesten Früchte. Eines Morgens kam das Krokodil Kum vorbei. Beide kamen ins Gespräch und Chiki bot dem Krokodil von den Früchten an. Das Krokodil war beeindruckt von diesem herrlichen Geschmack und der Freundlichkeit des Affen. So besuchte Kum jeden Tag den Affen Chiki und beide wurden Freunde. Als das Krokodil eines Abends nach Hause kam wartete seine Frau schon sehr aufgebracht: „Du hast eine Geliebte. Ich weiß es." Kum darauf: „Oh nein, ich besuche nur den Affen Chiki. Er ist mein Freund." Seine Frau antwortete: „Ha, Freund – es ist eine Affendame und du hast ein Verhältnis mit ihr." Kum: „Es ist ein Mann." Sie: „Umso schlimmer. Wenn du mich wirklich liebst, dann bringst du mir sein Herz. Es ist bestimmt ganz süß von all den Früchten. Wir sind Fleischfresser und es ist unsere Natur Herzen zu essen. Früchte sind nur etwas für Weichlinge!" Kum, das Krokodil war vom Verzehr der Früchte schon sehr milde geworden und wand sich hin und her. Als seine Frau aber drohte ihn mit den Kindern zu verlassen oder sich umzubringen, willigte er schließlich ein. Am nächsten Tag besuchte er den Affen und sprach: „Mein lieber Freund, meine Frau möchte dich kennenlernen. Komm steig auf meinen Rücken und ich stelle dich meiner Familie vor. Alle möchten dich endlich kennenlernen, nachdem ich soviel von deinen vortrefflichen Eigenschaften berichtet habe." Vertrauensvoll stieg Chiki auf Kums Rücken und ihre Reise begann. In der Mitte des Flusses reute es Kum und weinend sprach er: „Lieber Chiki, ich habe dich belogen. Meine Frau glaubt, wir hätten ein Verhältnis und drohte mir mich zu verlassen, wenn ich ihr nicht dein Herz bringe. Ich bin ein armer Ehemann und muss um des Friedens willen tun, was sie sagt. Aber ich will dir wenigstens die Möglichkeit geben, zu deinem Gott zu beten. Bete zu deinem Gott, denn bald wirst du vor ihn treten." Chiki betete was das Zeug hielt und sprach: „Lieber Kum, ich danke dir für deine Offenheit und die Gelegenheit, mich auf meinen Tod vorzubereiten. Der Tod ist ein Besucher, der nicht um Einlass bittet. Er kommt, wann immer es ihm beliebt. Nun gibt es aber ein Problem. Ich habe mein Herz nicht dabei. Ich habe mein Herz immer in diesem Obstbaum und du siehst hier nur Haut und Knochen. Deine Frau wird sehr enttäuscht sein und sich von meinem Pelz übergeben. Lass uns kurz umdrehen und mein süß-fruchtiges Herz holen."

Sofort drehte Kum um und schwamm zum Baum zurück. Chiki betete weiter. Sobald sie ans Ufer kamen, sprang Chiki herunter und in seinen Baum. „Lieber Kum, mein Herz hängt an diesem Baum und deshalb kann ich nicht mit dir kommen. Dort wo mein Herz ist, da bin auch ich." Das verstand Kum das Krokodil und gedankenvoll schwamm er davon – dorthin, wo er sein Herz hatte.

Dort, wo unser Herz ist, ist unser Leben und wir sind das, was wir tief in unserem Herzen glauben. Lieber Chiki, liebe Affen, Tiere, Pflanzen, Flüsse, Berge dieser Welt, bitte verzeiht mir. Es tut mir so leid. Ich liebe Euch. Danke.

Der Moment der Kraft ist jetzt – *Manawa*

Ein historischer Augenblick ist ein Moment, in dem Geschichte geschrieben wird. Meistens meinen wir damit jene Augenblicke, wenn Verträge unterschrieben werden. Doch jeder Augenblick ist historisch und in jedem Augenblick schreiben wir Geschichte. Jetzt in diesem Moment schreiben Sie Geschichte, denn Sie sind heute nicht mehr der Mensch, der Sie gestern waren. Als sich z. B. Claudette Colvin und Sarah Keys, Nelson Mandela, Mohandas Gandhi und viele, viele andere entschlossen kongruent zu werden, wurde Geschichte geschrieben. Der Lauf der Welt ändert sich, wenn wir Entscheidungen treffen.

> *„Ich möchte, dass die Welt besser ist, weil ich hier war."*
> *Will Smith in einem Interview auf Youtube*

Unsere Gegenwart ist das Ergebnis all unserer Gedanken, unseres Bewusstseins und unserer vergangenen Taten. Wenn wir immer nur das tun, was wir in der Vergangenheit getan haben, werden wir auch nie etwas anderes sein oder haben als bisher. Wenn wir beginnen, jetzt neue Entscheidungen zu treffen und anders zu handeln als bisher, werden wir auch andere Ergebnisse erzielen.

Durch Ho'oponopono bereinigen wir unsere Vergangenheit, indem wir uns von unseren Erinnerungen, die unser gegenwärtiges Handeln bestimmen, lösen. Um unsere individuellen und globalen Probleme zu lösen, müssen wir uns lösen – von uns – und alte Denkmuster loslassen. Vergeben ist zeitlos. Dieses göttliche Prinzip kennt weder Zeit noch Raum. Es überbrückt Tage, Monate, Jahre. Jahrhunderte sind keine Hürde für die Macht der Vergebung. Durch diese Transformation gelangt man zurück in die Gegenwart. Man entfernt sich von den mentalen Narben der Vergangenheit und meidet die Sorgen vor der Zukunft. Konflikte erleben wir, wenn wir in der Vergangenheit oder Zukunft weilen. „Hätte ich nur, wenn doch, ich sollte, damals, morgen, ich werde" usw. Die Gedanken hängen in den verpassten Möglichkeiten, falschen Entscheidungen und Missgriffen der Vergangenheit oder kleben bereits an den Gefahren und Hoffnungen der Zukunft. Beide sind eine Illusion. Die Vergangenheit ist vorbei und die Zukunft hat noch nicht stattgefunden. Die Zukunft findet nie statt – nur die Gegenwart. Der Moment der Kraft ist jetzt.

Beginnen Sie wieder vollständig zu werden, heilen Sie sich und heilen Sie die Welt.[22] Sagen Sie einfach zu sich und zu jedem, den Sie treffen, sehen und kennen, Mensch, Tier, Pflanze und Natur:

Es tut mir leid.
Bitte verzeihe mir.
Ich liebe dich.
Danke.

---

22 Sie finden ein Mitmach-Ho'oponopono zu individuellen und globalen Herausforderungen im Internet unter: Heile-dein-Herz.de

Liebe Leserinnen und liebe Leser, ich heiße Ulrich Duprée und bin der Autor dieses Buches. Ich freue mich, dass wir uns kennenlernen.

Ich bin sicher, Sie konnten wertvolle Erkenntnisse gewinnen und sind bereit für Ihre nächsten Schritte. Das Feld ist groß und vielleicht sind Sie sich nun über Dinge bewusst geworden, die Sie in Ihrem Leben ändern oder entwickeln wollen.

Vielleicht treffen wir uns bei einem Ho'oponopono-Workshop oder bei einer Weiter- bzw. Ausbildung. Die Programme, Infos und Termine finden Sie im Internet unter: Hooponoponoseminare.de

Ein besonderes Ereignis ist das Ayurveda-Fastenwandern zusammen mit Ho'oponopono. Eine Woche Vitalkur für Körper, Geist und Seele. Informationen finden Sie auf der Seite: Ayurveda-Fastenwandern.de

Wenn Sie eine persönliche Beratung wünschen, wenden Sie sich bitte an Andrea Bruchāčová telefonisch unter 06782-988 93 77 oder im Internet: Heile-dein-Herz.de

Mit den besten Wünschen für Ihren spirituellen Erfolg,
Ulrich Duprée

PS. Bitte schreiben und berichten Sie mir über Ihre Erfolge mit Ho'oponopono. Als Dank sende ich Ihnen die Hörbuch-CD.

Heile dich selbst und heile die Welt
Das Ho'oponopono zum Mitmachen

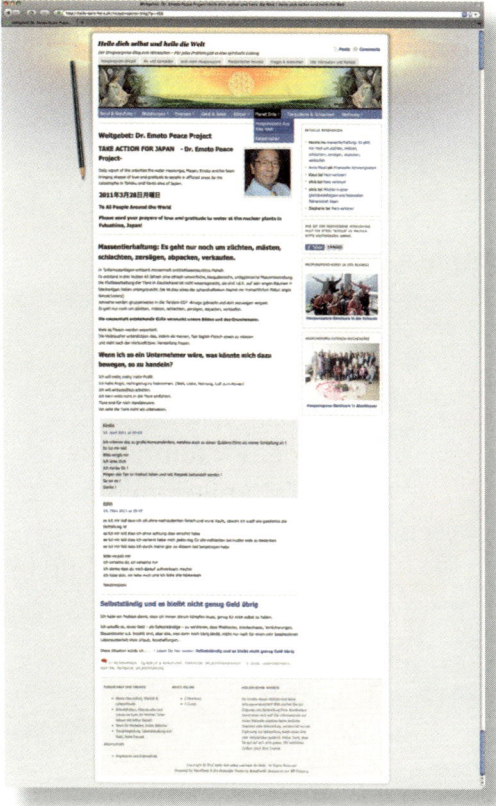

Themen u. a.:

Planet Erde

Finanzen

Beruf & Berufung

Beziehungen

Eltern & Kinder

Liebe & Partnerschaft

Katastrophen

Ehekrisen

am Arbeitsplatz

Mobbing

Schulden

Massentierhaltung

Schlachthäuser

Tierversuche

Nachbarn, Wohnung

Kriege

Die Welt braucht dich!
HeiledichselbstundheiledieWelt.de

Über den Autor

Ulrich Emil Duprée, Jahrgang 1962, ist professioneller Coach und Autor. 1983 traf er auf seinen ersten geistigen Lehrer, den damaligen Theologen und Psychoanalytiker Professor Dr. Joachim Scharfenberg. Er gewann u. a. zwei Designpreise und studierte christliche und hinduistische Philosophie. Er lebt als Selbstständiger, spiritueller Forscher, Seminargeber und war auch schon ein Mönch.

Im Fokus unterrichtet er Selbstständige, Berater, Lehrer und Interessierte in der hawaiianischen Konfliktlösungsmethode Ho'oponopono. Zusammen mit der Sportwissenschaftlerin und Ayurveda-Therapeutin Andrea Bruchâčovā lehrt er Ho'oponopono als wirksames mediatives Werkzeug und Hilfe-zur-Selbsthilfe-Methode.

Seine beiden Bücher „Heile dich selbst und heile die Welt" und „Ho'oponopono das hawaiianische Vergebungsritual" wurden 2011 mehr als 20.00 mal verkauft und standen auf Esoterik-Bestsellerlisten.

SWAK
Zahnpflege mit Köpfchen
SWAK
Die Fusion aus dem traditionellen Zahnpflegemittel Miswak und der modernen Zahnbürste!
SWAK Experience UG
Hunolstein 59
54497 Morbach
Tel.: 0049 (0) 65 33-95 5243
Fax: 0049 (0) 65 33-95 94 94
info@zahnbewusstsein.de
Weitere Informationen und Onlineshop unter
www.zahnbewusstsein.de